U0010285

彰化學
人間典範
全興總裁

全興總裁吳聰其生平軼事

康原 著

晨星出版

【叢書序】
啓動彰化學
——共同完成大夢想

林明德

　　二十多年來，台灣主體意識逐漸抬頭，社區營造也蔚為趨勢。各縣市鄉鎮紛紛編纂史志，大家來寫村史則方興未艾。而有志之士更是積極投入研究，於是金門學、宜蘭學、澎湖學、苗栗學、台中學、屏東學……，相繼推出，騰傳一時。

　　大致上說來，這些學術現象的形成過程，個人曾直接或間接參與，於其原委當有某種程度的了解，也引起相當深刻的反思。

　　一九九六年，我從服務二十五年的輔大退休，獲聘於彰化師大國文系。教學、研究之餘，仍然繼續台灣民俗藝術的田調工作。一九九九年，個人接受彰化縣文化局的委託，進行為期一年的飲食文化調查研究，帶領四位研究生進出二十六個鄉鎮市，訪問二百三十多個飲食點，最後繳交《彰化縣飲食文化》（三十五萬字）的成果。

　　當時，我曾說過：往昔，有一府二鹿三艋舺的符碼；今天，飲食文化見證半線風華。這是先民的智慧結晶，也是彰化的珍貴資源之一。

　　彰化一帶，舊稱半線，是來自平埔族「半線社」之名。清雍正元年（1723），正式立縣；四年（1726）創建孔廟，先

賢以「設學立教，以彰雅化」期許，並命名爲「彰化縣」。在地理上，彰化位於台灣中部，除東部邊緣少許山巒外，大部分屬於平原，濁水溪流過，土地肥沃，農業發達，有「台灣第一穀倉」之美譽。三百年來，彰化族群多元，人文薈萃，並且累積許多有形、無形的文化資產，其風華之多采多姿，與府城相比，恐怕毫不遜色。

二十五座古蹟群，各式各樣民居，既傳釋先民的營造智慧，也呈現了獨特的綜合藝術；戲曲彰化，多音交響，南管、北管、高甲戲、歌仔戲與布袋戲，傳唱斯土斯民的心聲與夢想；繁複的民間工藝，精緻的傳統家俱，在在流露令人欣羨的生活美學；而人傑地靈，文風鼎盛，舊、新文學引領風騷，成果斐然；至於潛藏民間的文學，既生動又多樣，還有待進一步的挖掘與整理。

這些元素是彰化的底蘊，它們共同型塑了「人文彰化」的圖像。

十二年，我親近彰化，探勘寶藏，逐漸發現其人文的豐饒多元。在因緣俱足之下，透過產官學合作的模式，正式推出「啓動彰化學」的構想。

基本上，啓動彰化學，是項多元的整合工程，大概包括五個面相：課程設計結合理論與實際，彰化師大國文系、台文所開設的鄉土教學專題、台灣文化專題、田野調查、民間文學、彰化縣作家講座與文化列車等，是扎根也是開拓文化人口的基礎課程，此其一；爲彰化學國際化作出宣示，2007彰化文學國際學術研討會聚集國內外學者五十多人，進行八場次二十六篇的論述，爲彰化文學研究聚焦，也增加彰化學

的國際能見度，此其二；彰化師大文學院立足彰化，於人文扎根、師資培育、在職進修與社會服務扮演相當重要角色，二○○七重點發展計畫以「彰化學」爲主，包括：地理系〈中部地區地理環境空間分析〉、美術系〈彰化地區藝術與人文展演空間〉與國文系〈建置彰化詩學電子資料庫〉三個子題，橫向聯繫、思索交集，以整合彰化人文資源，並獲得校方的大力支持，此其三；文學院接受彰化縣文化局的委託，承辦2007彰化學研討會，我們將進行人力規劃，結合國內學者專家的經驗與智慧，全方位多領域的探索彰化內涵，再現人文彰化的風貌，爲文化創意產業提供一個思考的空間，此其四；爲了開拓彰化學，我們成立編委會，擬訂宗教、歷史、地理、生物、政治、社會、民俗、民間文學、古典文學、現代文學、傳統建築、傳統表演藝術、傳統手工藝與飲食文化……等系列，敦請學者專家撰寫，其終極目標乃在挖掘彰化人文底蘊，累積人文資源，此其五。

彰化師大扎根半線三十六年，近年來，配合政策積極轉型爲綜合大學，努力參與社區總體營造，實踐校園家園化，締造優質的人文空間，經營境教，以發揮潛移默化的效果，並且開出產官學合作的契機，推出專案，互相奧援，善盡知識分子的責任，回饋社會。在白沙山莊，師生以「立卦山福慧雙修大師彰師大，依湖畔學思並重明德化德明。」互相勉勵。

從私立輔大退休，轉進國立彰師大，我的教授生涯經常被視爲逆向操作，於台灣教育界屬於特例；五年後，又將再次退休。個人提出一個大夢想，期望結合眾多因緣，啓動彰

化學，以深耕人文彰化。為了有系統的累積其多元資源，精
心設計多種系列，我們力邀學者專家分門別類、循序漸進推
出彰化學叢書，預計每年十二冊，五年六十冊。並將這套叢
書獻給彰化、台灣與國際社會。

　　基本上，叢書的出版是產官學合作的最佳典範，也毋寧
是台灣學的嶄新里程碑。感謝彰化縣文化局、全興、頂新、
帝寶等文教基金會與彰化師大張惠博校長的支持。專業出版
社晨星的合作，在編輯、美編上，為叢書塑造風格，能新人
耳目；彰化人杜忠誥教授，親自題寫「彰化學」三字，名家
出手為叢書增色不少，在此一?感謝。

　　回想這套叢書的出版，從起心動念，因緣俱足，到逐步
推出，其過程真是不可思議。

　　「讓我們共同完成一個大夢想吧。」我除了心存感激外，
只能如是說。

·林明德（1946～），台灣高雄縣人。國立政治大學中文博
　士。現任國立彰化師範大學國文學系教授兼副校長。投入
　民俗藝術研究三十年，致力挖掘族群人文，整合民俗藝
　術，強調民俗是一切藝術的土壤。著有《台澎金馬地區區
　聯調查研究》（1994）、《文學典範的反思》（1996）、《彰
　化縣飲食文化》（2002）、《阮註定是搬戲的命》（2003）、
　《台中飲食風華》（2006）等書。

【推薦序】
照見人生大書的智者

林明德

一、

　　二〇〇一年五月，康原到我的研究室來聊天。好幾個月不見，彼此都是忙裡過。我送他一本見證半線風華的《彰化縣飲食文化調查研究》，他以在地文化工作者的身分，對「不可能的任務」多所肯定。並且透露正為彰化傳奇人物吳聰其先生撰寫生命史。

　　康原認為這是巧妙的因緣，以前根本沒聽過吳先生之名，遑論其人其事；投入訪談之後，才逐漸發現這位飼牛囝仔出身的大企業家，真是不可思議。這位傳奇人物，值得認識，希望有天帶我去見他。

　　九月下旬，我從報紙看到吳先生往生的消息，頓然，有一種莫名的錯愕。

　　二〇〇二年三月，康原又到我的研究室來，帶著一本厚厚的《人間典範全興總裁》初稿，要我閱讀來不及見面的吳先生，並為新書寫篇序。

　　在翻閱過程中，吳先生的形象漸漸顯影，尤其他的生命哲學給我相當大的震撼與啟示。非常感謝這段文字因緣，讓我得以認識這位彰化大企業家的風範。

　　六月十九日，康原開車載我初訪吳先生座落八卦山麓的家園。隨著他的引導，會見吳太太，走訪紀念館以及幼稚園……，最後來到吳先生的墓園致意。圓形的墓陵，有方石

碑，上面刻著：福興吳聰其（一九三〇～二〇〇一）。

這次拜訪，蕭穆之中有些發現，當下我直覺吳先生真像台灣牛。

二、

《人間典範全興總裁》共有二十四章，敘述吳先生的生命歷程，循序漸進的安排，很容易讓讀者進入傳主的心靈世界。

作者認為生命史的書寫，必須忠實記錄傳主生命歷程中的工作、事物，尊重成長過程各種事務的歷史意義，以客觀的方式呈現，不作價值上的論斷。他強調生命史是依據歷史發展的次序，並且包括社會文化的變遷與自然環境的演變。

基本上，這本書屬於口述歷史，然而，在方法上，作者卻運用參與觀察法與交叉訪談法，融會主、客視點，覓尋事實，還原歷史真相，從而型塑吳聰其的生命形貌。

這裡特別要指出的是，方法屬於理論層面，如何落實、發揮作用，恐怕因人而異。作者掌握方法，加上個人擁有的若干條件，相得益彰，從而呈現意想不到的結果。追究原因，關鍵在於「經驗認同」上。作者與傳主一見如故，深入交談，引發許多童年回憶。原來，傳主與作者是小同鄉，一在福興同安，一在芳苑漢寶，僅一水之隔，頗能引起同情共感，贏得信任；還有，吳先生小作者父親四歲，序屬父執輩，但吳先生雖出身貧窮，歷盡千辛萬苦，卻能掌握社會脈膊，洞見趨勢，抓住機會，創造事業，成為全興關係企業總裁，讓作者敬佩景仰。因此，他進行一次次誠摯的心靈叩

訪。

　　吳先生，一九三〇年生，彰化縣福興鄉同安村人。自小聰明活潑，身體瘦弱矮小，綽號矮仔其。他「目識巧」，六歲就學會修理時鐘，對於數字靈敏，心算神速；他遺傳了父親的勤勞，與母親的慈悲；八歲，家貧失學，在家裡飼牛、幫農、作童工；十歲，學做生意，由父親指導到鹿港一帶賣掃帚，用扁擔一次挑著五十把販賣；十二歲，因無力繳學費，只能在夜間漢學堂窗外旁聽。

　　掃帚賣了四年，改賣甘蔗（在鹿港菜市場前削甘蔗），由零售成為批發商，體驗「販仔目，二等秤」的功夫；十六歲，販賣花生，開始肩挑，後來改用腳踏車兜售，以便擴大商圈；十八歲，投入「駛牛車」生涯，載瓦土、粗糠，運砂糖，對「台灣牛」有相當的體會與認份；十九歲，開始學賣布。

　　繁雜的工作，固然讓他備嚐辛苦，閱歷人情冷暖，卻也鍛鍊出堅忍不拔的身心，為人生遠景奠定深厚的基礎。吳先生經事長智，累積許多實務經驗，透過機靈冷靜的思考，終於轉化成寶貴的智慧。他例證了孔子所說的「吾少也賤，故多能鄙事。」（《論語・子罕》）。如果說人生是部大書，毫無疑問地，他是位照見人生大書的智者。

　　二十二歲，與張紅棗小姐結婚。成家，也是立業的開始。二十三歲，與朋友在崑崙村共創理想國「協隆五金加工廠」。二十八歲，在同安村開設「全興五金皮件廠」，生產機車座墊；三十歲，結識張國安先生，成為「三陽」協力廠，可說是一種契機，也是事業轉捩點。

三十六歲，將公司登記爲「全興工業股份有限公司」，擔任董事長，從此，逐漸開展他的事業體，並與先進國家簽訂技術合作契約，進行研發，內容包括：自行車座墊、精密沖床製品、方向盤、儀表盤、汽車座椅、機車座墊、保健器材、油封汽門彈簧與離合器彈簧、懸吊彈簧與平衡桿、辦公室人體工學座椅等。

一九九二年，他六十三歲，成立全興集團研發中心。吳先生強調：「品質是產品的生命，企業的尊嚴。」這是他的事業原則，也是成功的祕訣。

長期以來，經濟部、財政部、內政部、勞委會、教育部、環保署、行政院以及總統的召見嘉勉，對全興的專業、品質等獎勵接踵而來，不僅是一種肯定，更締造了全興的金字招牌。

一九八八年，吳先生投入文教事業，創立全興幼兒學苑與全興文教基金會，回饋社會。一九九五年，吳先生身體微恙，罹患一種罕見的硬皮症，與病魔纏鬥多年，終於參透：「巧的顧身體，戇的顧傢伙。」這句諺語的三昧。爲追根究底，他在彰化基督教醫院成立「全興醫療基金會」，希望能找到醫療的依據，以減輕病患的痛苦。其悲憫情懷，於此可見。

二○○一年九月二十六日，吳董事長往生，享年七十二歲，安葬於八卦山麓吳家墓園。

三、

康原一心於文字工作，散文、報導、兒歌多方創作，成

績可觀；近年來，他投入文史，推動民間文學，成果有目共睹。然而，《人間典範全興總裁》的撰寫，卻是一件艱辛的工作，一種全新的嘗試。一年訪談下來，二十三章十二萬字的豐碩記錄，在在說明了他的態度是肅穆的，精神是愉悅的。

　　經過細讀玩味，個人覺得這本大作，有幾個特色：

（一）、既是生命史，也是民間文學

　　康原計畫撰寫吳董事長的生命史，深入交談後，發現傳主的生命歷程，非常曲折，多采多姿，有如傳奇故事。吳董事長喜歡汲取活用台灣諺語，來作為他待人處世的參酌，例如「人善被人欺，馬善被人騎。」「牽罟落廊，袂離半步。」、「貴貨頭，俗貨尾。」、「魚食露水，人食喙水。」、「蟬欲吱，也著百日勞苦。」、「貪字貧字殼。」、「未食看飯斗，食飽看海口。」、「有樣看樣，無樣自己想。」、「合好人鬥陣有布織，合歹人鬥陣有子生。」、「儉車油，買敷島，儉麥波，尋查某。」、「刣魚著刣到鰓，講話著講透枝。」、「食人一斤，愛還人八兩。」、「人無千日好，花無百日紅。」、「一粒米，百粒汗。」、「食一歲，學一歲。」、「扛轎一頭便。」……這些都是。

　　基本上，諺語是語言的高度結晶，長期流傳於庶民生活間，極簡鍊通俗又饒富意味的語句，能細致深切反映廣土眾民的心聲和智慧，而成為民間文學一個很重要的環節。康原在這本書的各篇章中，精心安插了許多動人的諺語，讓讀者了解到，吳先生不只在私人生活方面對台灣諺語隨機運用，

有他獨到的心得；更於工作、管理科學上加以印證，使其匯聚爲全興關係企業特殊的向心力，同時傳承了台灣本土化的寶貴精神。

(二)、為台灣人顯影

吳先生出生於日治時代的農村，家境貧窮，卻相當認份，以「做牛著拖，做人著磨」來自我勉勵。他回憶說，在他的住家路旁擺著兩隻石雕的牛，一隻是赤牛（黃牛），一隻是水牛，黃牛適合拖車，水牛適合耕種。因爲是飼牛囝仔，很懂牛的習性，在他童年的馴牛經驗中，有些一時傳爲鄉里美談，比如只要他一生氣作勢揮鞭，牛隻就自動跪下，好像愧對主人的樣子。可見人牛之間深厚的默契感。

吳先生的牛經，是對「台灣牛」，其實也是對「台灣人」的詮釋，其中更有他的自我投射。全興關係企業的成就，可以說是牛精神的極致發揮，作爲領導者的大家長──吳先生，自然稱得上是台灣人的典範。

(三)、心靈深層

吳先生從小聰明靈活，清寒的家境不但沒能擊垮他，反倒激發他無限的生命潛能。他觸探社會動向，洞見先機，嘗試過很多營生的行業，「下學而上達」的實踐，使他掌握了某些成功的要訣，像是：「世間有人坐死，無人做死。」、「中主人意，便是好工夫。」、「允人卡慘欠人。」……這類苦拼苦幹的精神，於他而言是無時或忘的。

「萬丈高樓平地起」，恰恰應驗了吳先生的事業有成，亦

是他人格的擴充延伸，其念茲在茲的經營理念：「培育人才、協力團結、滿足顧客、回饋社會」，尤其令人敬佩。而康原，以靈動懇摯的筆觸，爲我們架起一座進入吳先生心靈意境的橋。

八〇年代，吳先生特別敦請楊英風大師來擘劃八卦山上的庭園，於室內戶外，佈置各色雕塑。例如庭園中的「奔騰」，是一座引人遐思的抽象作品，上有楊氏題字：「在艱苦卓絕中打下根基，建立於扎實的基業，更奮而向前飛躍、奔騰以求取更出類拔萃之豐碩成就。」而庭園大門邊意象新奇的雕塑，則名爲「晨曦」，也附有大師的題字：「晨曦透過一棵高聳、屹立之參天古木，而放射出無限的光芒，在壯碩堅毅的氣勢中，穩健地向上昇展。」

藝評家謝里法先生說：「楊英風是最本土的意識型態，也是最前衛的藝術理念的藝術家。」楊氏作品大抵造型抽象，內涵鄉土草根氣息。往往傳統、現代二元倚伏，呈現台灣人的精神意象。

吳先生朝夕進出庭園，休閒思考，浸淫大師的藝術情境中，除了共同基調──本土意識之外，追求卓越，亦是兩者同情共感的關鍵。他們追求無限的可能，一個表現於雕塑作品，一個展現於全興關係企業。其爲藝術心靈則是一致的，因此，他們彼此成爲「知音」。

吳先生從飼牛囝仔到大企業家，其心靈原姿應可從這裡得到理解。

四、

　　人生彷彿一部大書，許多人花了一輩子參悟，終不得其門而入，遑論窺見箇中奧秘。只有智者才能照見人生究竟，了悟生命義諦。吳聰其先生就是最好的例證。他經營事業半世紀，追求先機，強調「品質是不二價的商品」，建立「全興王國」。他為人處世，誠懇謙虛，透過實際經驗，活用台灣諺語，遙契先民智慧，以此作為生命、工作理據。他深深體會傳統與創新、本土與國際必須融貫，才能開創無限可能，帶來無數生機和商機。

　　吳先生用一生來詮釋「台灣牛」的真義，從平凡中表現出不平凡。

　　一九九八年，康原《台灣農村一百年》出版，我曾以〈重塑台灣農村的容顏〉一文祝賀，並期許：「彰化人文豐厚、民俗深藏，仍有待發掘與研究。希望康原繼續深化擴大其內涵，繳交下一份成績單。」

　　四年來，康原仍然如戇牛一般，筆耕不輟，童詩、兒歌、鄉志兼顧。不過，以本書的完成，最具多重的意義，因為他既為吳聰其顯影，也發掘彰化人的榮耀，更重現台灣人的精神風貌。我想，這本書對康原及讀者來說，都是既肅穆又珍貴的作品。

・林明德，現任國立彰化師範大學國文學系教授兼副校長、
　中華民俗藝術基金會董事。

【推薦序】
彩色的人生

吳漢彬

　　全興關係企業總裁吳聰其宗兄活用生命，熱愛工作，奉獻愛心，造福人群，勳業斐然。他活出生命的色彩，一生充滿奮鬥的故事，他的一生一世，可說是彩色的人生。

　　我與其相識是在民國五十八年（一九六九年），當時我們都是未滿四十歲的壯年時期，他為拼經濟，我為拼政績，在禮拜天的下午，為紓解工作壓力在彰化游泳池旁的高爾夫球練習場練球時相遇，因同宗又同年紀，由於互相珍惜及勉勵而相交甚篤，並非縣政府主管與業主關係而交往。

　　他在開創事業當時，因資金缺乏與無經驗的情況下，完全憑恃堅忍不拔的毅力，刻苦耐勞、克勤克儉，從彰化市中正路尾的小工廠，由最下游的小小加工——腳踏車的座墊，發展到小規模的機車座墊，並繼續不斷擴充規模到汽車座椅，然後逐步向上提昇產業層次，好不容易才有今天的成就，非常難能可貴。

　　尤其是在事業發展過程中，所遭遇的困難和阻礙，正足以說明全興企業初創工業的舉步艱難，即使在如此困境中，他努力克服，衝破難關，謀致成就的精神，真是令人敬佩。今天所具備的基礎已經是不可同日而語，在他的手裡開創了光明的前景，可說是聰其宗兄以勤勞樸實的做事態度以及追根究底的經營方法，不斷深入研究發展，才奠定了今日長遠發展的堅強根基，這是值得其子孫後輩學習的地方。

聰其宗兄為人誠懇，凡事知恩感恩，所以常常喜樂開懷，光明開朗，他的人生是彩色的，例如：因為我通曉日語及英語，有時在假日幫助他接待外籍技師及訪客以及講解國際禮節等，他也都隨時表示感恩。這是他為人處世成功的關鍵所在，亦是值得後輩學習的。

世界上最有智慧的國王所羅門王說：「日光之下並無新事，豈有一件事能指著說：這是新的。哪知，在我們以前的世代，早已有了。已過的世代，無人紀念，將來的世代，後來的人也不紀念。」（傳道書一：九──十一）

可是吳聰其宗兄在人生的旅程上，在他子女以及後輩心目中是如何的崇高和偉大。他們在各種場合充分表達對父親及長輩的敬仰，對父愛親情的珍惜，這是值得讚揚的。在父親過世後懷念親恩，在人世的奮鬥中，有這麼一位教導他們的慈父長輩，我想他們會再度從繼承全興關係企業中挺立而起，努力邁進，以報答父親及長輩教養之恩及紀念其勳業偉績！

孝是我國固有的道德，是所有品德的源本。從修身、齊家到治國、平天下，這些倫理道德和政治思想，無不以孝為動力、為根本。在時代動盪的時候，使孝子之門多忠臣良將。因此「孝」是我們民族萬古長存，歷久彌間的基石。

現在雖然歐美風氣的影響，社會起了不少變遷，但是吳家兄弟姊妹的克盡孝道，實踐孝道之際，這些文章傳記的出版都是吳家兄弟姊妹及晚輩對父親及長輩最誠摯的感情以及對母親孝德孝行良好的示範，也是倫理中最真實的事蹟，足可作為大家實踐孝道的最好的榜樣，這是值得稱讚的。同時

這本書，可以作為發揚孝道及企業經營的寶貴資料，但願社會大眾能夠廣為傳播，使這本紀念傳記激起更多的孝德孝行，蔚成社會的良好風氣，則台灣文化的光輝，在我們這個時代必然更加燦爛！如此我們台灣必然成為一個溫馨、祥和、美滿幸福的理想家園。

　　　　　　　　　　　　　　吳漢彬謹識於中興新村

·吳漢彬，現任台灣省咨議會顧問，全興文教基金會資深董事；曾任彰化縣政府機要秘書兼地政科長、建設局長、民政局長、彰化縣代理縣長、台灣省政府簡任十二職等顧問。

【推薦序】
懷念一位堅強又可敬的長者

張振沛

　　故吳董事長在西元一九九七年年九月在彰基作了皮膚切片檢查，確認罹患了全身性進行性硬皮症才開始正式進行醫療，在此之前若依其描述過往症狀則推測至少在前一年即有符合硬皮症的典型症狀，其後即深受頑固咳疾所苦甚或急促、倦怠等逐漸形成大抵與文獻記錄之自然病程雷同。

　　吳董事長在西元一九九八年六月與本人見面前已聚資在彰基成立全興醫療基金會，其後在開始由本人照護後於同年十二月成立全興企業硬皮症研究室，主要用於依其所願：「藉此基金會成立研究室，以其為實體研究對象，祈求能治癒此頑疾進而造福其他病患」。

　　他老人家有一句話時常在本人腦海廻繞，他曾說「全興集團的產品無數，如發泡類的高級汽車座椅都能在他手裏創造得如此完美，為何罹病的身子卻無法深究其真正肇病原因？重新再造？」，如此的質問一再的出現在我們之間的談話中，可以感受到他積極的人生態度和堅強的求生意志。

　　為了探究最新醫界對於全身性進行性硬皮症的治療現況，故吳董事長邀我陪同，分別在西元二千年八月及十二月前往美國舊金山史丹佛大學附設醫院免疫風濕科拜訪 Elaine 主任醫師，洛杉磯美國加州大學附設醫院免疫風濕科拜訪硬皮症泰斗 Clements 主任醫師及心臟科，賓州費城安德遜大學附

設醫院免疫風濕科海蒙主任醫師及新加坡大學附設醫院免疫風濕科梅主任醫師等尋求咨詢高診。

上述醫師都是現今醫界崢嶸名士，是故吳董事長令妹吳古月女士在美國千辛探訪得來的消息，吳女士這段期間提供無數醫訊為其兄長所用，兄妹用情之深著實令人感動。

拜訪期間，因長途奔波或為趕機而深夜逗留機場，如此披星戴月般連夜長飛數千英哩路程，天明抵地又趕往醫院等候醫師，期間每每見故吳董事長背影佝僂卻精神抖擻如中壯年人般，以七十高齡罹患如此頑疾卻又堅強若是，如今回想若非天命難違，該有另一番雄偉的事業等待著開創吧！

我是在西元一九九八年六月經由彰化基督教醫院郭守仁副院長轉介認識了故吳董事長。第一次見面的印象和往後兩年餘的密切交誼所累積的記憶仍然歷歷在目。故吳董事長待人誠懇和善是位可敬的長者，即令和他素昧平生，在二年多的日子裡感受到他雖貴為眾多企業的總裁卻是無限的謙遜，從未顯出驕氣，在現今現實的社會有如此的翩翩紳士真令人懷念。

彰化基督教醫院免疫風濕科張振沛敬筆

·張振沛，高雄醫學院醫學系畢業，現任彰化基督教醫院過敏免疫風濕科主任；曾任林口長庚紀念醫院內科部住院醫師、臺中榮民總醫院過敏免疫風濕科主治醫師、美國賓州大學附設醫院風濕科進修、中部地區公保中心過敏免疫風濕科特約醫師、中華民國內科醫學會專科醫師、中華民國

過敏免疫醫學會專科醫師、中華民國風濕病醫學會專科醫師、陽明醫學院臨床副教授、國防醫學院臨床副教授、中國醫藥學院臨床副教授。

【自序】
從飼牛囝仔到董事長

康原

某天，彰化縣文化局曾錦螢小姐，打來一通電話說：「有一位成功的企業家，也是彰化縣文化基金會的董事，他的家人想請一位作家，為他撰寫傳記。我推薦康老師，不知道你是否願意？」

「曾小姐：感謝你的好意，謝謝推荐。」道謝之後說：「我也不認識這位企業家，他是怎樣的一個人？必須先了解之後，才能決定。」

「是不是可以給他電話？請他們跟你聯絡？」曾小姐問。

「好吧！」我由衷的說：「見見面再說，人家也不一定要我寫。」

經過幾天，我接到全興關係企業董事長的特別助理陳富澄先生的電話，他說是為了吳聰其先生寫傳記之事，於是我就同他約定與吳董事長見面的日期。隨後我陸續請教過幾位曾經在全興關係企業做過事，或曾與吳董事長有過接觸的人，這些曾與吳董事長有過接觸的人，對吳董事長的印象是：大部分人都稱讚其為人的誠懇、做事的認真負責、對顧客有服務熱忱。我也概略了解全興關係企業的經營狀況，以及吳董事長的家庭生活情形。

那是一個週三的早晨十點，我到全興公司的董事長室，與吳聰其董事長見面，彼此自我介紹後，開始相互了解其生長過程，談到他的出生地福興鄉的同安村，這個村莊與我的

家芳苑鄉漢寶村毗臨，只隔了一條舊濁水溪，吳董事長的年齡小我父親四歲，生活背景與我父親大同小異，都是窮苦人家的孩子，工作情況也很類似，都在困苦中成長、茁壯，在個別的奮鬥過程中，吳董事長能掌握社會變遷的脈動，抓住機會創造新興的事業，成為全興關係企業的總裁；而我父親到現在還堅持守住那片田野，一生與泥土為伍，不願離開由溪埔墾成田野的家園。吳董事長談到小時候的許多農事，都是我童年生活中的深刻記憶。

經過與吳董事長兩次的深入交談，又接觸過吳董事長的次子吳崇儀總經理之後，我決定接下撰寫吳董事長生命史的工作，吳董事長也希望我能幫他撰寫傳記，達成共識後，我立刻著手進行寫作計劃。

擬定寫作大綱後，隨即展開對吳董事長及其家人、朋友、員工的深入訪談。

我認為個人生活史的書寫，必須中肯的去紀錄其生活歷程中，所發生的事情，對所經歷過的工作與事物，做客觀的具體呈現。換句話說，尊重個人成長過程中事與物的歷史意義，以客觀的方式來撰寫，而不作對與錯的論斷與批評。因此，個人生活史該是以歷史發展順序來推衍，當然包括了社會文化的變遷及自然環境的演變狀態。

吳董事長出生於日治時代末期，其童年時期跨越兩個不相同的執政者，在戰爭與物質匱乏的時代中度過，生活在農村的他，養成了克勤克儉、純潔樸素的生活習慣。因為家境清寒，又能認命在「做牛著拖，做人著磨」的古訓中，奮鬥

不懈的勇往直前，掌握社會脈動的時機，開創出全興關係企業的大格局。

　　約在民國四十二年開始，國民政府開始在台灣實施第一期經濟建設，鼓勵國人發展本土工業。這一年吳董事長與友人創立「協隆五金工廠」，產銷自行車零件。民國四十六年在福興鄉的同安村創立「全興五金皮件廠」；隨後工廠搬到彰化市古亭巷，認識了企業家張國安先生，當時張國安先生正在擴大三陽公司的業務，找到吳董事長做協力廠商，共同生產各種相關產品，於是全興公司與三陽公司一起成長，創造了全興關係企業，這個過程充滿著可歌可泣的動人故事。

　　生活史撰寫的時空從吳董事長出生的同安村，寫到在全島開創的全興關係企業。時間從一九三〇年開始到二〇〇一年中，描寫的主軸圍繞著吳董事長身邊的人與事，與全興公司生產、管理上的種種策略，當吳董事長的事業如日中天之時，命運實在捉弄人，約在一九九五年吳董事長的身體微恙，先是顏面神經出了問題，另外又割除了右膽囊，最後竟然得到一種硬皮症，使他與病魔纏鬥了五年多，在就醫的過程中，吳董事長發揮了他做事業的研究精神，從國內到國外到處尋找中、西醫生，以他的身體給醫生做為臨床實驗，抽絲剝繭的想去追查病因，於是他在基督教醫院成立「全興醫療基金會」提供經費來研究這種找不出病因的「硬皮症」，使往後得到這種病的人，能找到醫療的依據，減輕患者的痛苦。這一段時期中，正是台灣從農業社會，轉變為工業社會的關鍵年代，吳董事長代表著一位農村少年，在一種歷盡滄

桑努力下，奮鬥成為工商人物的成功典型，同時那種因病而產生的研究精神，那種因自己病的痛苦，而想到幫助別人減輕痛苦的仁慈心靈，也是現代人的一種學習的典範。

在訪問過程中，發現吳董事長的生活哲學裡，運用了許多台灣俚諺，作為他為人處世的依據，他把台灣的俚諺活化在工作中，運用在管理科學上，塑造出全興關係企業的一種特殊的本土文化精神。我們知道諺語是生活中產生的特殊語言，直接反應社會、歷史、宗教、倫理和風俗的口傳文學，也是一種人類語言的精華，是人類經過世世代代之後，從生活經驗中創造出來的語言精華，帶有警世的作用，它是一種寶貴的文化財產，吳董事長運用了它、實踐了它，成就了全興的事業。

一般說來「古早話」的諺語，傳承著地方歷史與感情。每一句俗諺都有特殊意義，是約定成俗的「共通語言」，也是民間各階層對人生的看法、或對環境的直接反應，或處世的基本原則。因此，在本書的每個章節中，我用一句俗語來引綱挈領，透過這些俗語，也可看出吳董事長的「台語情懷與俗話因緣」的生命哲學。

我們知道吳董事長因家庭環境的關係，未能進入學校就學，沒有正規接受學院的制式教育，然而因豐沛的生命力，讓他接觸到社會各種階層，從生活體驗中得到了許多智慧，從生活語言中得到古訓，於是他就把這些警世的金言良語，用來規勸自己的子女或員工；更重要是拿到自己身上，作為自己的處世哲學。

有一段日子，我很密集的到吳董事長辦公室去做訪談，

然而久病的身體已使他無法一次講太久，有時與我談話談到睡著了。我就靜靜的坐在他打盹的前面等他，醒來之後他會說：「歹勢：歹勢，我煞睡著。」每次的訪問約兩個小時，我不敢打擾太久，可是到了中午，一定留我吃飯，他會吩咐職員為我準備一個便當，於是很多時間就陪他在辦公室吃飯後才休息。後來我變成他吐露心聲的對象，我也從他的身上學到了許多為人處世的道理，如果幾天沒去找他聊天，他會叫陳特助打電話找我去；為了更了解他的生活，我也會去陪他散步，知道他的家庭生活，他有會餐的時間，也會約我一起共聚，使我對他的生活更加了解。

利其馬颱風的那一天，我接到全興公司的電話，說吳董事長於九月二十六日辭世了，突如其來的厄消息，使我不知如何回答。後來公司的沈先生說：「是否可請康先生，為董事長草擬一份生平事略，以便撰寫訃聞。」於是我開始整理董事長的年表，擬一份生平事略供其參考，我的心情非常複雜；吳董事長竟然來不及看我寫的傳記就走了，真令我感到人生的無常，這時我又想起佛家所說的三法印「諸行無常、諸法無我、涅槃寂靜」的道理。

十一月三日是吳董事長出殯的日子，我因早已答應行政院文建會所舉辦的「社區總體營造人才培育的研習活動」，去南投中寮當種子班住營講師，不能去參加董事長的告別式，內心感到相當難過。在出殯的前幾天，我們為吳董事長整理一些影像與遺物，置放在影像資料館，供親朋好友去追思悼念，我向吳董事長家人建議成立「總裁的紀念館」，把吳董事長的奮鬥過程相關影像與遺物，以及全興所開發生產的各項

產品，陳列在紀念館中，也可撰寫半世紀以來全興的創業過程，在台灣交通事業的史頁上，從全興關係企業的發展可以看出台灣的交通發展史，這段歷史是值得共同來翻閱的。

最近我接到「全興文教基金會」之邀請，擔任基金會的董事，我有一種受寵若驚的感覺，我想在台灣社會裏，事業有成就的人很多，但像吳董事長家族這樣有回饋社會之心並不多。事業家有像吳董事長深入台灣民間文化的人更少，在他的傳記中，我們發現他是台灣民間文學的傳承者，我慶幸能為吳董事長立傳，從他的口中記錄下這麼多文化的資產，這些俗諺是台灣文化的根，值得留給我們後代的子孫。

透過描寫一位成功的企業家，由「飼牛囝仔到董事長」的奮鬥歷程，也見證了近百年來，台灣社會變遷的風貌；為台灣社會保存一段歷史，我相信從個人生活史的書寫，可以從小個人看見大社會。假如，台灣社會大家能由個人生活史的書寫，發展為家庭生活史或社區生活史的紀錄，來形成撰寫常民的生命歷史，先由點開始到線而面，織成一部台灣社會的生活史。把這些屬於個人生活面貌，留給後代子孫，讓子子孫孫知道祖先如何在這塊土地上披荊斬棘，以後研究各類歷史的史學專家，也可以藉由這些常民的生活史中，去建構台灣的歷史。

【目錄】contents

第一章　同安寮的吳路漢家族

　　台諺「人善被人欺，馬善被人騎。」
　　「輸人毋輸陣，輸陣歹看面。」

　　現在的彰化縣福興鄉同安村，舊地名爲同安寮，日治時期改名菜園角，現在則名爲同安村。

　　福興鄉位於彰化縣的西北角。地當鹿港溪與麥嶼厝溪入海處，全鄉域地形屬於彰化縣隆起海岸平原，東與秀水鄉爲鄰，西瀕臨台灣海峽，南與埔鹽鄉、芳苑鄉爲界，北接鹿港鎮。鄉名據說是因爲此地的移民都來自福建省，到台灣來時在此落腳，聚集成村，寓有興盛之意，謂之「福興」。鄉域的總面積約爲五十一點七五六平方公里，可供耕作面積約爲三七二九點六八公頃，是屬於鄉村社會，民風純樸，鄉民都勤奮的工作。

　　這一帶早期爲平埔族巴布薩（Babuza）馬芝遴社屬域。與同安村距離不遠的番社村、社尾村，都因與其社有關而得名。按照歷史學者研究，馬芝遴社社域約爲今天沿海的鹿港鎮與福興鄉。而漢人約在清朝雍正年間起，就陸陸續續有人入墾，至乾隆年間。

　　福興鄉清代末葉，屬於彰化縣馬芝遴堡。一八八七年（光緒十三年），屬於臺灣府馬芝堡；日治時期一八九五年（明治二十八年），改爲臺灣縣（後改臺灣民政支部）彰化出

張所馬芝堡轄域。一八九七年（明治三十年），屬臺中縣鹿港辦務署馬芝堡。一九○一年（明治三十四年），改爲彰化廳鹿港支廳馬芝堡管轄。一九○九年（明治四十三年）隸屬臺中廳彰化支廳鹿港之廳馬芝堡。日治時代後期實施地方官制大改革，福興鄉隸屬於臺中州彰化郡福興庄；戰後民國三十四年底，改隸臺中縣彰化區福興鄉；民國三十九年廢除區署，成爲福興鄉隸屬於彰化縣管轄。

福興鄉內現在設有三汴、萬豐、元中、外中、外埔、大崙、番社、番婆、社尾、橋頭、同安、西勢、福興、廈粘、頂粘、秀厝、福南、二港、福寶、三和、鎮平、麥厝等二十二村。

日治時期的菜園角，包括同安村與西勢村；位於鄉治橋頭村之南約一點七公里之處。同安村在鹿港溪西岸，海拔約五至十公尺間。菜園角地名之由來，據說以前此地都種菜，村莊就在菜園之角落。這裡以出產蘿蔔乾（菜頭）出名，這裡種的兩個品種菜頭最有名；一種俗名牛鼻種，形狀小小瘦瘦，另一種梅花菜頭，圓圓大大的，一條菜頭有時約兩斤重，做菜頭粿都用這種菜頭。這個聚落的移民大都來自福建省泉州府同安籍的雜姓居民。

一九○○年九月廿九日，吳路漢在菜園角誕生，家境清苦的吳路漢只知道祖先是世居這個地方，到底是那一位開台祖已經無法考查了，只知道傳到了吳路漢這一代約是第十八代了。從小就爲生活奔波的吳路漢，除了在家鄉賣掃帚外，曾經到台中縣的東勢地區去做人家的長工（雜役），去學做染布的童工，在做別人的雜役時，沒有例假日，因此當時的社

會裏，流行一句諺語「長工望落雨，乞食望普渡。」說出了長年工作的人，多麼希望能夠休息。後來吳路漢又回到荣園角與王桃女士結婚。婚後就一直在荣園角種田與打零工，靠著耕種三分多的田地維生。

當吳路漢年輕時，與一位鄰居時有衝突，這位鄰居叫做劉糞，生養有五個孩子，劉糞靠著他家中壯丁多，常常用弱肉強食的氣勢凌人。於是吳路漢心裡想著，我一定要生得比你多的孩子，以後看你是否還敢欺負我。

吳路漢心想著「人善被人欺，馬善被人騎」這句話的道理，也想著「忍一忍，忍一個金雞盾。」是一句至理名言，常聽人說：「退一步海闊天空。」也是勸人忍讓。

命運真是會作弄人，像吳路漢這樣善良的人，不幸卻遇到這種愛欺負人的惡霸。吳路漢心裏想著：只有自力救濟了，多生一些孩子，以增強防禦能力，才不會長期遭受到欺負。又何況台灣人常說；「加人加福氣。」又說：「儲糧防饑，養子防老。」於是立定志向，一定要多生幾個孩子，來壯大吳家的力量。

皇天真的不負苦心人，幾年下來吳夫人已經為他生下八男五女；分別是長子天星、次子聰其、三子瑞清、四子東源、五子五虎、六子東山、七子慶樹、八子西庚；長女鳳嬌、次女金蓮、三女春綢、四女丹爐、五女古月，總共有十三位子女。當年左右鄰居，看吳路漢孩子多，生活窮困，常勸他要節育，才不會「濟子餓死爸。」吳路漢總是說：「『一支草，一點露』，每一個囝仔攏有自己的命，咱們無差一付碗筷。」他總是賣力的工作，來養育他的子女。

一個家族都住在五間起的一棟土埆厝裡。在茭園角這個村莊裡，只有他們姓吳，鄰居有姓侯、姓李、姓劉、姓胡、姓翁、姓葉……等，可說是一個多姓氏混居的村莊，都來自不同的宗族。

離吳路漢住家不遠的地方，有一棟王爺廟，稱為「福安宮」，供奉著五府王爺，分別由李、池、吳、朱、范等王爺所組成。台灣的王爺信仰是信仰中的主流，本是一種瘟神，為人民除瘟疫，和媽祖分別是台灣人的主要信仰，王爺廟也是村莊小孩子平常活動的地點。

在同安寮這個地方，有一個傳承已久的「同安寮十二庄迎媽祖」的民俗活動，這個聯庄迎媽祖的起源，據說：在清朝乾隆四十四年的秋天，福建省同安縣馬之堡十五都陳慶安先生，移民渡海來台灣，定居於同安寮的慶灣（安）頭，也就是現在的同安村。當時這個地帶是一片荒野，陳慶安與同伴就在此蓋草寮定居下來，慢慢的就把荒野，開墾出一片土地，種下了農作物慢慢的就改善了生活。

不幸，有一年這個地方發生大水災，同安寮附近災情慘重，庄民不斷往外遷移，這個地方在日落黃昏後盜匪橫行，搶奪庄民的牛、羊、豬及糧食，使每一個庄民終日惶恐，心理忐忑不安，生活不得安寧。

由於當時清朝政府，對此地區的治安也是鞭長莫及，就好像無政府狀態，加上庄民稀少，到了黃昏以後，庄民就不敢出門。當時庄中的陳慶安，時常思考著，如何同心協力來維護庄中治安，緝捕這些為非作歹的強盜，於是大力奔走各庄之間，聯絡鄰近庄民共商對策，研究如何積極合作來相互

扶持，共同來防範強盜的洗劫。討論的結果，庄民共同希望
組織一個自衛保護團，共同採取防範措施，加強夜間巡邏來
捉拿盜匪，以保護庄民的生命財產安全。

　　這個聯庄巡邏實施不久，庄民團結的精神也傳播出去
了，盜匪也就沒有再出現，有些盜匪聞風而逃之夭夭，不敢
再來侵犯同安庄民，治安漸漸好轉了，農作物也年年豐收，
庄民的生活也安定了。

　　附近各庄庄民，也紛紛要求加入十二庄之聯盟，並推舉
陳慶安為同安寮十二庄大總理，並聯合庄民去鹿港恭迎媽
祖，來十二聯庄遶境。每年到了三月，台灣有一句俗語說：
「三月猺媽祖」的迎媽祖活動，同安寮與鄰近共十二個庄：粿
店庄、浮景庄、番社庄、社尾庄、大有庄、新興村（下庄
仔）、西湖庄、牛埔厝、崙仔腳、盧厝、西勢庄（包括下西
勢、中西勢、頂西勢），就開始熱鬧起來，迎神賽會的鑼鼓喧
天。

　　直到現在這個一年一度的迎媽祖，還在持續進行中，從
未間斷過，到目前為止已經有百年歷史了。縱使是日治時
期，日本政府嚴禁攜帶武器的年代裏，村民仍然會暗藏傢伙
迎媽祖繞境。

　　至於剛開始為什麼會發起這個活動，據說清朝末年台灣
的農田水利技術並不太發達，同安寮又位於風頭水尾，當時
有句俗話說：「風頭厝、水尾田、向北墓」是最差的地理。
當時因為缺水，庄民為爭奪不足的溪水，常口角、打架、械
鬥，有時還鬧出人命。同安寮陳慶安便提議，聯合各庄村
民，到鹿港天后宮去請求媽祖賜雨，說也奇怪每次祈雨，總

是應驗，庄民爲感念媽祖賜雨的靈驗與慈悲，決定請媽祖出巡，並成爲一年一度的大事。

往後只要媽祖出巡結束，將媽祖恭送回天后宮，滂沱大雨便傾盆而下，使庄民解決乾旱之苦，同時也化解了各庄間爭水的糾紛，迎神賽會中庄民的交流，增進了彼此間的感情。我們知道台灣人都很好客，庄之中若有迎神賽會，都會邀請自己的親戚朋友來做客，不管是普度或迎神賽會，都會宴客。因此，有一首〈普度歌〉是這樣唱的：「普度來欲做戲囉，吩咐三、吩咐四，吩咐親家、親姆來看戲。對竹腳厚竹刺，對溪邊驚跋死，對大路嫌費氣，無攏嫒去。」這樣的歌謠描寫普度時邀親戚來做客，親戚常常客氣，有推拖之詞，記錄著農業社會的生活形態。

取名爲「同安寮十二庄恭迎鹿港湄洲天上聖母」的迎神活動，每年迎媽的日子不一定的，早期是當有居民覺得缺乏雨水春耕時，便開始提議迎媽祖，之後再由眾村落選定媽祖誕辰之前的好日子舉辦。而欲主辦的村落，必須「出香條」（相當於貼告示），眾村落同意後，貼香條的村落便成爲這一年的主辦單位，稱其爲「大公館」，若當年沒有村落有主辦之意，便由同安寮當大公館。此外，不管同安寮有沒有主辦都要「護駕」，負有保護媽祖神轎之責。另外，十二庄中之社尾、廬厝則稱爲「小公館」，分別是爲期兩天的迎神活動中，爲中午時，隊伍休息的村落。

迎媽祖時各村落的神轎隊伍，其進行順序是在鹿港文武廟前按抽簽的排號順序決定，不過大公館、小公館以及護駕這四個村莊的神轎是不用參加排號的。恭迎媽祖出巡時隊伍

是由小公館帶頭，護駕次之，接著是大公館。之後才是其他村落依排號順序行進，而媽祖神轎是排在隊伍的最後方。

迎媽祖的路線，由於每一年擔任大公館村落並不固定，所以不完全相同，因為第一天晚上媽祖神轎會在大公館的廟中休息。大致來說，從鹿港天后宮出發後，經由中山路到街尾，轉入粿店庄、浮景庄、番社庄、社尾庄（中午休息）、新興庄、大有庄，然後到大公館休息、過夜。隔天再由大公館出發，之後進入西湖村、牛埔厝、崙仔腳、番同埔、盧厝（中午休息）、同安寮、西勢村（現分為下西勢、中西勢、頂西勢三庄），在福鹿橋上隊伍變換為恭送媽祖的順序，送媽祖回宮，便完成兩天一夜的迎媽祖活動。

從前迎媽祖的隊伍都會遶到十二庄，每一戶人家的門口，最近因各村莊中人口暴增，迎媽祖活動無法在兩天內遶完所有庄民的家門口，所以只遶到每一村莊的村廟口。

吳路漢家族住在同安寮，信仰王爺外，也參與迎媽祖的活動。做為同安庄民，都在「輸人毋輸陣」的原則中，參與各種活動，也過著「日出而作，日落而息」的躬耕生活，一心一意要使孩子能長大成人，因此，再辛苦的工作也都克服了，孩子也漸漸的長大，擁有自己的事業。

第二章　會修理時鐘的矮仔其

台諺：「第一戇插甘蔗乎會社磅。」

　　一九三〇年吳路漢的次子聰其出生，當時的住址是福興庄榮園角34番地。

　　聰其的童年，恰逢日本統治時期。西元一八九五年，日本人憑著一張與清朝政府簽定的「馬關條約」，占領了台灣，這份「台灣人的賣身契」，使台灣成為日本殖民地，雖然日本人接收台灣時，台灣人奮力反抗，但也抵擋不住日本人的機關槍與武士刀，不願成為日本子民的台灣人，也曾經成立了「台灣民主國」，但在強權的淫威下，也只是曇花一現，留給了台灣人永遠的遺憾，日本統治時期，我們彰化的文學家賴和先生（一八九四～一九四三）寫下了：「旗中黃虎尚如生，國建共和怎不成。天與台灣原獨立，我疑記載欠分明。」的史詩，思考著台灣的命運問題。

　　還有一位黃純青先生，寫過一首〈黃虎藍地旗〉歌謠：「唐去民無主，旗揚虎有威；明知烏合眾，抗戰未全非。」記錄著這段抗日的歷史經過，歌詞說明馬關條約時，台灣割讓日本時；台灣宣布獨立，以「黃虎藍地旗」為國旗，「永清」為年號，但大總統唐景崧就任後卻棄職逃遁唐山，清兵亦紛紛退散，只剩下台灣人的義民、義勇兵死守鄉土，雖是拿著「竹篙鬥菜刀」與日本人拼鬥，但這些烏合之眾，與日本軍的

精密武器抗衡，在雙方裝備相差懸殊的情況下，還支撐了半年之久，留下許多可歌可泣的抗日故事。

在日本人統治期間，實施「工業日本，農業台灣」的政策，使台灣農民在日本人的經濟宰割之下，犧牲了農民。將糖米供應日本，由日本輸入工業消費品，目的在增加農業生產，可使日本人在台灣獲得更多的農產品，取得經濟利益，以殖民地農業開發的方式，採「資本原住勞動型」的生產方式，利用台灣高溫多雨的自然條件，與低價勞工，推動資本主義下的農業生產。

日本人在台灣的農業剝削，從一句「第一戇插甘蔗乎會社磅。」就可知道農民受到宰割的情況。另外，台灣人民在日本警察的欺壓下，忍氣吞聲的工作，像牛一樣的勤奮，日本警察就像神一樣，孩子哭鬧時，只要一句：「大人來了！」孩子們立刻停止哭泣。

詩人陳虛谷（一八九六～一九六五）曾有〈警察〉一詩云：「凌虐吾民此蠢材，寇仇相視合應該。兒童遙見皆驚走，高喊前頭日本來。」可以見証；又當年日人統治，物質匱乏，實施配給管制，台灣人為了謀生活，常常賣些食物，一旦被警察抓去警局，就必須接受罰款或拘留，因此，民間流行一首歌謠：「油炸粿，杏仁茶，見著警察酷酷爬，碗公弄破四五個，警察掠去警察衙，叫我雙腳站齊齊，大人啊！阮後擺不敢賣、阮後擺不敢賣。」可見當時日本警察的威嚴，以及魚肉民眾的可怕。

在這種惡劣的生活環境下，吳聰其長在貧苦的家庭中，當然也過著三餐不繼的生活，又因為吳路漢孩子眾多，經濟

壓力大，為了扶養孩子種田之外，必須去幫人做雜役，以及販賣各種物品，賺一些蠅頭小利，來補貼家庭生活，根本也無法妥善照顧孩子，凡是小孩子學走路之時，就任其自由的在地上爬來爬去，甚至於這些孩子將地上的雞屎，放入口中就吃了起來，真如俗話說：「食雞屎嘛毋知臭」。

從小開始吳聰其就特別活潑、聰明，或許因為營養不良，身體非常瘦弱又矮小，因此，家人就叫他「矮仔其」。約四、五歲時的「矮仔其」，就很喜歡跟著他的母親王桃上鹿港街上，從菜園角的家中，用走路到鹿港約要四十分鐘，一個四、五歲的小孩子，就跟在母親後面一步一步的走著，與矮仔其母親一起上街的鄰居婦女，常叫矮仔其的母親要背他，但他母親始終不願背矮仔其，他的母親常說：「愛對路就乎伊行，看伊後擺欲閣對無。」

儘管矮仔其母親不背他，矮仔其咬著牙根也要跟著母親走到鹿港，因為只要他能走到鹿港，走進菜市場後，母親一定會買一塊炸粿給他吃，當時的炸粿菜頭粿一塊二錢、菜蚵仔炸三錢、生蚵仔五錢。當他拿到母親買的炸粿時，所有的痛苦都拋到九霄雲外，而那香又脆的炸粿味道，可以讓他回味好幾天，當時能吃到一塊炸粿，是一件令人雀躍的事，這種缺乏吃的時代與環境中，使他從小就知道珍惜食品，人家所說：「一粒米，百粒汗」的諺語，矮仔其很早就知道了，得來不易的道理在幼小的生命中，已有了深刻的體驗。

同時，從小矮仔其就特別關心母親的一舉一動，注意著母親是否要上鹿港街上。一談到鹿港，這個充滿古意的市街，還擁有著「台灣紫禁城」美譽的龍山寺，更有許多大大

彰化學

小小的寺廟，彎彎曲曲的巷弄，還有鹿港的菜市場前的小吃、鹿港的童玩，都在矮仔其心中留下深刻的印象。

　　幼年的歲月就在期待中度過，到了六歲那年，矮仔其發現廳堂中的八仙桌上，放了一個時鐘，時鐘的商標圖案是一隻馬踩著一個球，矮仔其喜歡在廳堂上看時鐘的擺動，聲音是那麼的規律，聽時鐘敲打時間的聲音，看時針與秒針在鐘面上追逐，也學著看時鐘幾點鐘了，會看幾點鐘是一個小孩多麼快樂的事。

　　有一天廳堂的時鐘突然停止了，不再擺動了。好幾天都不能看時間，矮仔其的祖母就叫兒子吳路漢請師傅來修理，矮仔其的父親說請人修理需要花錢，就說不必修了，要知道時間看太陽就好了，於是時鐘就沒有修理。矮仔其天天到廳堂去觀察，希望有一天時鐘能再擺動起來，以便知道確定的時間，有一天矮仔其的祖母，對兒子吳路漢說：「快去叫師傅來修時鐘，我身上有錢了，我出修理費用。」於是就找來了修時鐘的師傅，矮仔其心中感到非常快樂，對會修理時鐘的師傅感到非常敬佩。

　　當修時鐘的師傅，在修理時鐘時，矮仔其就站在旁邊觀看，心想，一定要把修理的方法記起來，以後如果時鐘壞了，就可以自己來修理。當師傅先把時鐘拆開，把零件放置好位子，再用一種機油一件件拭擦乾淨，再慢慢的重新裝起來後，時鐘被放回原處後，又再次動了起來了。

　　師傅說：「時鐘因久無添油，被油垢黏住了，只是把機件拆開擦淨後，再裝回去就好了。」大約經過了一年，時鐘又停止了，停了好長的一段時間，也沒有請師傅來修理，好

像也是因為父親不願花修理費，時鐘就永遠不能走了，時鐘不走了，對矮仔其的生活缺少了一些樂趣，聽不到鐘聲，看不到時針與分針競走，也不能學習看時間，當然更不知道時間了。於是矮仔其偷偷的跑去告訴祖母說：「我會修理時鐘，我來修理好嗎？」祖母竟然也答應了，只說要小心，不可以弄壞。

矮仔其就拿來一個麻布袋，放在地上，將時鐘拆開來的零件，按照拆下順序排列整齊，模仿修理師傅的方法，用番仔油來拭擦零件，擦乾淨後又重新裝回去，終於時鐘又開始動了，矮仔其的祖母一直稱讚他聰明，於是往後大人在做任何事情，矮仔其就會仔細觀察，慢慢了解熟悉各種器物或機件，引起矮仔其對機械的濃厚興趣，且在短暫的時間內，學會一種新的機器操作，這種能力也可能是從小就善於摸索與學習，母親總說矮仔其真「目識巧」，意思是說任何事情，只要一接觸，馬上就學會了，眼力好又聰明。

一個大約六歲的孩子，就能拆組時鐘的零件，又不會把它弄壞，是否說明了：矮仔其具備有機械方面的天賦；而他又認真的學習觀察，善用他的智慧去解決問題，也使他在困苦的生活環境中，不斷的磨練與學習，努力工作而養成「學不怨，做不倦」的勤勞個性。

另外，從小矮仔其對數字的記憶特別好，他可以記很多數字，同時也懂得心算，可以在很短的時間內算出一隻雞的價錢。當年有一位陳重保先生，常到茉園角來買雞，一些左右鄰居婦人因不識字，計算時費時費力，陳重保先生常說：「叫矮仔其來算。」只要告訴他一斤多少錢，總共幾斤幾兩？

他就會利用九九乘法，先「斤求兩，兩求斤」算出一兩多少錢，猶如神童般的快速，他爲什麼這麼快，因爲他對九九乘法能倒背如流，又常常聽著父親在算計價錢時，他也會自動學習計算，久而久之，練就了一身心算的好功夫。

在鄉下每當母親殺雞時，吳聰其的母親總是唸唸有詞說：「做雞做狗無了時，早死早超生，早去出世大厝宅人子兒。」這是爲那些將死去的雞鴨超度的語詞，希望這些雞鴨轉世爲人，這樣的俗語也都記入吳聰其小小心靈裡，他從生活中去觀察、學習，從母親身上學到了慈悲的性情；從父親的身上學到勤勞，善於算帳的功夫，他能做各種買賣，也可能是出自於父親善於做生意，迅速的心算也可能得之於父親，從小他就跟著父親到處去賣東西，耳濡目染後也學得一手功夫，奠定了日後經營公司的基礎；善於察言觀色，使他能掌握顧客的心理，交易容易成功，善於在生活中學習，養成了適應社會的各種變遷。

第三章　飼牛囝仔的心情

台諺：「牛牽到北京亦是牛。」
台諺：「牽罟落部袂離半步。」

　　八歲大的吳聰其，本該是進入學校就讀的年齡，只因為家庭貧困，必須投入鄉村的幫農工作，無法上學。另外，茉園角離當時的管嶼公學校有一段距離，若上學必須走一段路，才能到達學校。比吳聰其大幾歲的大哥吳天星先進了管嶼公學校就讀，有幾次去上學，走到半路與一些同伴跑去玩，沒有去學校讀書。學校老師就跑到家裡來告訴家長，父親吳路漢非常生氣，就不讓吳天星到學校去讀書了，於是到了吳聰其入學的年齡，自然也沒有讓他入學，因此吳聰其失去了進學校讀書的機會。

　　日治時期的國民小學教育，分成小學校與公學校兩種，日本子弟就讀小學校，台灣人就讀公學校，尋常小學科修業年限六年、補習科為兩年。小學校之教育科目為修身、閱讀、作文、書法、算術、日本地理、日本歷史、理科、繪畫、唱歌、體操、裁縫（女生）等。補習科之教學科目為修身、閱讀、作文、臺語（原稱「土語」，限男生修習）、書法、算術、家事及裁縫（女生）、體操等。

　　公學校是為了教育台灣人所設立之學校，即所謂的國語學校（即日語學校），對台灣子弟教授日語，培養其成為日語

教師。課程有日語、閱讀作文、書法、算術、歌唱、體操等。日本人統治台灣以後，台灣總督府的教育政策，以漸近爲原則，取同化主義方針，來從事日本人的教育工作。

既然日本人視台灣爲殖民地，不管在政治、經濟、文化、教育，都會有差別待遇。台灣人是受歧視的，在教育方面採「愚民政策」；因爲教育是愚民政策的一環，配合開發及建設，在消滅傳統文化的前提下，對台灣人全力推行國語（日語）的普及。因此，可以說日本人對台灣人的教育是採殖民地教育的政策。

吳聰其投入農事工作之後，任何大人所做的事情，不管是種田、搓草、種菜、割草、飼牛，只要大人在做的，他都必須去參與。一年三百六十五天，幾乎做了三百六十四天，只有農曆過年的元旦日休息，小小年紀就要付出勞力，完全沒有一般孩子的生活。工作做累了，只有暗暗的流著眼淚，把痛苦埋在心中。

記得有一次，連續下了幾天雨，家中的牛綁在牛稠中，到了有一天，天氣放晴了，父親叫吳聰其牽牛出去放牧。吳聰其牽著牛出去時，把牛繩纏在手上，心想，很久沒有騎牛了，於是把牛牽到岸邊，人就爬上牛背上。

這隻牛可能久沒有出來，當吳聰其爬上牛背時，卻開始跳躍奔跑，把牛背上的吳聰其摔到地上，因牛繩繞在手上，吳聰其就被拖了將近三十公尺，吳聰其的身體擦得傷痕累累。而這隻牛卻跑去偷吃別人的玉米，被玉米田的主人發現了，就牽來還給吳聰其，看到吳聰其滿身傷痕，也就沒有責怪他了。

這時吳聰其非常生氣，就把這隻牛綁在埔薑樹頭鞭打著，用盡他全身的力量打著牛，不管是頭部、背部，他都重重的鞭打。這隻牛看到吳聰其滿身是血，知道主人生氣了，於是自動跪了下去，好像眼睛也流出了淚，於是吳聰其停止了鞭打。從那次以後，每次他牽牛出去，牛只要看到吳聰其生氣，揮起鞭來時，牛總是自動跪下，這隻牛好像愧對主人，這次特殊的因緣，使吳聰其獲得了教育牛的體驗。

當他想起這段往事，總是說：「誰說牛牽到北京亦是牛？我家的那頭牛能聽懂人的話。」在往後的日子裡，吳聰其都相信牛都能教了，人亦一定可以教好的，只要找到一個好的教育時機，朽木有時也可能變為有用的材料。

他常想馬戲團中的老虎，那麼兇猛都能教得變成乖馴，聽從人的話來做各種表演了，人是有理智的，只要好好教育他，一定使其變為乖巧。這是吳聰其在小時候放牛的經驗中，感到教馴牛最有成就，也是記憶最深刻的事情。

矮仔其在菜園角把牛馴乖下跪的傳聞，被鄉下人當為美談，當時有一位牛販名字叫蔡長，矮仔其稱呼他「長仔伯」，與他的父親吳路漢是朋友，有一天到他家裡來，吳路漢就告訴了蔡長說：「阮矮仔其真勢教牛，教牛跪，牛就跪，彼隻牛教到真聽話。」長仔伯半信半疑，要矮仔其當場做表演，矮仔其就拿出牛鞭來，使出他的看家本領，說也奇怪，這隻牛竟然能聽懂矮仔其的話，要牠跪下牠就立即跪下，與矮仔其配合的天衣無縫，這位飼牛囝仔小小的年紀，猶如一位馴獸師，擁有馴牛的本領，真使人難以想像，這麼瘦弱的一位小孩，竟能馴服一頭蠻牛。

　　日治時期，物質生活相當匱乏，家裡幾個人，就只有幾個碗筷，每個人都只有一個碗一雙筷子，當時的貧窮人家，吃飯時沒有飯桌，菜煮好了頂多放在長板凳上，大人坐在矮椅上吃飯配菜，小孩子都盛滿飯後，夾一些菜捧著飯碗，邊走邊吃，在自家的門口埕繞來繞去，飯吃完後再來盛。有時候拿著飯吃到鄰居的門口，與鄰居的小孩子聊天。

　　有一次矮仔其拿著盛滿飯的碗，不小心碗落到地上摔破了，弄破碗被罵了一頓，從那天以後就沒有碗可以吃飯了，家裡又沒有錢買，好長的一段時間，矮仔其要等家人吃飽飯了，再用兄弟姊妹的碗來盛飯吃，算是弄破碗的一種處罰，同時還要被母親唸了好幾天。

　　鄉下的孩子，入夜後都會找來一些夥伴，拿著玻璃瓶到田野裡去捕捉火金姑，放入瓶中，用火金姑來照路。一群小孩就會共同唸唱著〈火金姑〉的歌：

火金姑，
來食茶，
茶燒燒，
配香蕉，
茶冷冷，
配龍眼，
龍眼會開花，
匏仔換冬瓜，
冬瓜好煮湯，
匏仔換粗糠，

粗糠欲起火，

九嬸婆仔賢蒸粿，

蒸到臭火焦，兼著火。

也有人會這樣唱：

火金姑，

會落土，

坐我船，

拍我鼓，

食我冷米飯，

配我鹹菜脯

對我門口庭過，

乎我掠來做某。

　　聚在一起的小孩，吟唱著與火金姑相關的童謠，這是鄉下孩子晚間最快樂的活動，有時候玩到了月落星沉，才回家睡覺。當時矮仔其睡的床舖是總舖，全家人睡在一張床上，夏天不用蓋被子，若是冬天常常是兩、三個小孩共同蓋一件被子。所以有時候孩子沒有回來睡覺，父母親往往不會去注意，一些愛玩的孩子常三更半夜來溜進棉被中。

　　或許現代的孩子不會相信，日治時代的鄉下孩子，沒有每天洗澡，到了晚上要睡覺以前，用臉盆裝一些水，以臉巾擦洗一下就好了，同時那盆水，還要當洗腳用的水，有時候兄弟共用這盆水來洗滌身體，不洗澡是經常的事。於是就有

這樣的一首歌謠流傳著：

　　一天過了又一天，
　　身軀無洗專專銑；
　　走去溪底洗三遍，
　　毒死鰱魚數萬千。

　　當時小孩的生活習慣，用現代人的眼光來看，是沒有衛生的，然而這些鄉下孩子卻也活得相當的強壯。有時候一群小孩在一起，有錢的孩子買一支冰棒，每人輪流將冰棒吸一口，直到把冰棒咬完為止，大家吃得樂陶陶，也不會去想到傳染病的問題。

　　九歲那年矮仔其投入採收甘蔗的行列。早期採收甘蔗，均以人工採收，先將蔗枝於培土表面以鋤頭砍倒，俗稱「剉頭」，必須較有力氣的男孩擔任，再以人工削去頭部，去除枯葉、根、土，再切成1.2米左右長度，然後捆成一把約25斤，每五捆疊在一堆，計算重量時比較方便。修根與除去葉子由女性擔任；當時矮仔其的父親擔任「剉頭」工作，修根與捆綁由兩位姊姊擔任，九歲的矮仔其任拔葉的工作。一家人組成一組，當時採收甘蔗的工作人員，大約有二十多組，依抽籤秩序排列，而矮仔其家族都排在最後，恐怕影響別人的進度。從這年之後，矮仔其每年都擔任採收甘蔗的小小工人。

　　採收完畢的甘蔗原料，再用板輪牛車或其他搬運車輛運到蔗埕，當時福興的甘蔗都集中在洪窟寮蔗埕，再由小火車

拖到溪湖糖廠製糖。當時彰化縣有兩個糖廠，一個是溪州糖廠，是本島首富林鶴濤在溪州設立的林本源製糖會社；一個是溪湖糖廠，由鹿港名人辜顯榮，將四所私有改良糖廍，大排沙、三省庄、頂寮、連交厝合併，名為大和製糖會社，後來因資金問題，與明治製糖株式會社合併，定名溪湖製糖所。

矮仔其自從投入採收甘蔗後，每年約有五、六月的收成期必須在甘蔗園工作；一般種甘蔗的播種期，可分為秋（早）植、春（晚）植、以及宿根三種，秋植約在七至十一月種植，春植約在十二月至翌年五月間種植，宿根係甘蔗收成後留下根部繼續生長，通常只留一次或兩次。甘蔗種植後必須經過補植、中耕、施肥、除草、培土、灌溉及排水等作業。在台灣秋植的單位產量最高，每公頃約可收十一萬公斤。

但在台灣種植甘蔗，收成之後農民往往不知道自己收入有多少？必須等到糖廠把「糖單」開給農民之後，才能確定收多少。因此，民間流行一句話：「第一戇，插甘蔗乎會社磅。」矮仔其從小就從事這種甘蔗採收工作，每次到甘蔗園工作，都會遇到日本人的「警衛」，專門來監督甘蔗收成的日本人，一般人罵他們「抱狗仔」，專門來捉偷吃甘蔗的人，有一位日本人，看到矮仔其都會摸摸他的頭，讚揚他的努力與勤勞，但矮仔其只報以微笑，繼續做他的剝甘蔗葉的工作。在收成甘蔗的期間，都不能離開工作崗位，有時必須忍受風吹雨淋，默默的承受這種苦痛，俗話說：「牽罟落廊袂離半步。」說明了採收甘蔗時，是不能隨便休息的，要團隊的共同工作。

　　寂寞而必須工作的童年，養成矮仔其任勞任怨的工作態度，從飼牛囝仔到做雜工、收甘蔗，使他學會了適應各種工作能力，他把做工作當成一種學習，做一種工作等於學習一種技藝，他認為只要一技在身，總是會受用無窮的，只要沒有做過的事，他都把他變成一種技藝來學習，每天沉浸在不同工作的學習裡，就永遠不會感到累了，因此他的心情就更快樂了。

第四章　賣掃帚的生涯

　　台諺：「一支草，一點露，一個人變一步。」
　　台諺：「嫌貨才是買貨人。」

　　十歲對一般小孩，或許，還過著求學的快樂童年。但對於矮仔其卻已展開另一種方式的生活了，他已經做起了賣掃帚的生意。每天清晨必須挑著一擔掃帚到鄰近的村莊秀厝、洪厝、社尾、火燒庄……等地方去販售。

　　台灣有一句俗話說：「一支草，一點露，一個人變一步。」或說：「大尾魚食細尾魚，細尾魚食蝦仔，蝦仔食海波。」這兩句話都告訴我們，每一個人有不同的謀生方法，以不相同的方式養活自己，過著不相同的生活；靠在山邊的人吃山產，旁海者依海捕魚、插蚵維生；住在出產掃帚的茉園角的矮仔其，靠販賣掃帚來討生活。

　　茉園角與掃帚厝遍植掃帚草，每年五至六月為掃帚草收成的季節。把專供綁掃帚用的掃帚草，在烈日下晒乾，約四至五天後就可以綁製掃帚，約四欉一只，四只綁一隻掃帚，掃帚柄一般都以田青莖來補強。到了綁掃帚的季節，矮仔其就要幫忙綁掃帚，當時其父親吳路漢必須到北斗街的西勢仔，或掃帚厝去買掃帚草回來綁掃帚，晚上綁掃帚，白天矮仔其與大哥吳天星，就必須用扁擔挑掃帚挨家挨戶去兜售，當時的掃帚每隻約可賣到八錢到一角。

剛開始出去賣掃帚時，矮仔其都不敢叫賣，只是挑著到處轉來轉去，常常把挑出去的掃帚原封不動的再挑回來。父親吳路漢知道他賣東西，不敢出聲兜售，就對矮仔其說：「欲賣愛出聲，街仔有路就愛行。」意思是說賣東西時，想賣一定要喊出聲，在大街小巷中，凡有馬路都必須繞進去，才能找到顧客。

於是他就聽父親的話，認真的叫賣著，凡是有路的地方就走進去，剛開始叫喚時，有一點不自在，但俗話說：「一回生兩回熟。」多叫賣幾次成了習慣了，往後掃帚上肩，到有人住的地方，自然就呼叫：「賣……掃帚…賣掃帚喔……」，需要的人聽到了，也就跑出來了。

矮仔其是賣掃帚的小販，父親吳路漢是專賣給大客戶，他賣的對象是糖廠，糖廠需求量多，每次成交量大約一千五百支，很多掃帚賣到溪湖糖廠或中寮糖廠，若要去交掃帚時必須用牛車載去，一般都必須從晚間出發，走到溪湖大概是天亮，糖廠的人上班後，點交完畢後，再牽著牛車回來。

當時矮仔其都跟著父親一起去交貨，他仔細看父親跟客戶互動的情況，學習與人應對的方法。運掃帚去時因滿載貨品，矮仔其必須跟在牛車後走著，因在夜晚有時有一點累了，常常邊走邊打盹；回程時牛車空著，矮仔其就可躺在車上，搖搖晃晃的睡回家，這是他最快樂的時間。

矮仔其的父親吳路漢雖然不識字，但處理事情條理井然，對各種事務都設想周到，一絲不苟，凡事都看得很遠，不會像一般商人急功近利。當年在荣園角有一個富翁林西金先生，種了許多掃帚草，因遇到一場大颱風，把掃帚草吹得

七零八落，林西金想把掃帚草犁做肥料，吳路漢看到了，就與他商量，請他把這些掃帚草賣給他，林西金答應了，於是，吳路漢買到了相當便宜的掃帚草，經過一段時間的整理、除草、施肥後，長得相當茂盛，約有五、六分地，那次給吳路漢賺了不少錢，矮仔其眼看著父親這次的收穫，心裡就想著，凡事情必須要有眼光，要看遠一點，所以以後矮仔其做事情都想到未來，凡事先有周詳的計劃，才付出行動，不會只看眼前的利益，就輕易決定事情。

十一歲那年，矮仔其還在賣掃帚，只是他的商場由鄉村轉往城市進攻了。每天清晨，他就挑著約五、六十隻的掃帚，走約三十分鐘的路，抵達鹿港小火車站，坐上六點五十分的小火車，往彰化市區。當時每天從鹿港挑掃帚到彰化市販賣的小販約有二、三十位，在拖六、七節車箱的火車裡，每節車箱都可看到賣掃帚的商人；約七點三十分就抵達彰化火車站。

下車以後這些同夥的人，都會在現在的竹管市仔（當時還是一個廣場）聚集後，然後自動帶開各自去兜售。當時的矮仔其將光復路做為分界線，光復路以東的市街賣一天，第二天再賣光復路以西的市街，這樣周而復始的叫賣著。當時較有買掃帚的商店，大部分是戲院、酒樓、豆腐店，那時候彰化市的戲院有銀宮戲院、萬芳戲院、和樂館、彰化座、天一戲院；酒家有古月園、孔雀園、龍鳳閣等。

矮仔其最喜歡賣給酒家，因每次可賣四十支，每支可賣一角二錢，一般市面一支只賣八錢。但酒家老闆都睡到早上十點，有一位酒家老板王炳坤每次都向矮仔其買四十支，只

要他買掃帚，矮仔其就可提前回家了。

另外，在彰化火車站旁的鐵路宿舍，住了一些日本人，這些日本人買掃帚不會討價還價，買賣時比較乾脆，但是矮仔其不會日語，為了賣掃帚他去學了幾句日語「ほうき」，當日本婦女開口時，他就直接說價錢「一角五錢」，這樣的價錢比市面較高一點，賣的利潤高，只可惜日本人幾乎每次都只買一支。

賣了幾年的掃帚後，矮仔其心裡面想要買一個手錶，他把買錶的願望告訴父親吳路漢，他父親就說：「以後賣掃帚時，每支只要繳回一角錢，其餘的錢你存起來，存夠了錢就去買手錶。」有了一個目標外，矮仔其就更認真了，每天拼命叫賣著掃帚，希望趕快獲得一個手錶，約奮鬥了兩年，矮仔其終於買了一個瑞士製的新手錶，這是他賺錢後，第一次把錢花在自己的身上，每天帶著新的手錶出去做生意，也滿足了自己一點虛榮心。

在彰化市賣掃帚時，若早一點賣完，矮仔其會跑到總爺街四爺巷的舅公家，他的舅公名叫陳岸，是一位飽讀詩書的人，家中環境很好又有書卷氣，也非常照顧矮仔其，會給矮仔其零食吃。舅公有兩個女孩，一位女孩叫陳來憶，矮仔其稱她「土霧姑」，人很慈祥又很會做衣裳，年紀三十多歲了，還沒有結婚，又很喜歡小孩，常和矮仔其一起玩。

有一天，這位土霧姑跑到矮仔其的家，吳路漢正在圍檔風牆，土霧姑向吳路漢說：「我已經三十多歲了，沒有結婚，很想養一個孩子。你生了這麼多孩子，是不是可以一個給我養，以後傳我的衣缽？」吳路漢知道他的來意後說：

「好啊！除了矮仔其以外，你任選一個。」土霧姑表明喜歡矮仔其，後來吳路漢也答應了。吳路漢說：「你喜歡矮仔其，可以讓他繼承你，但人還是留在我家。」於是矮仔其有時間就去找土霧姑。

從那天講完之後，過年土霧姑就會約矮仔其到他家去過年。

除夕夜，矮仔其都吃很豐盛的年夜飯，在鄉下過除夕時，了不起吃一塊雞肉、豬肉或魚，就感到很滿足了，但到土霧姑處過除夕，矮仔其吃過許多沒有見過又好吃的東西，又獲得了一個五塊錢的大紅包，那時候五元是一個大龍銀，真是感到快樂。除夕夜，矮仔其就在土霧姑的家過夜，清晨醒來就跑去公園裡玩。

當時的彰化公園，是位於東門外，約在現在的彰化縣議會與彰化縣文化局的位子，園內有池塘、涼亭、景色怡人，池塘中有小孩進去玩水、抓魚，當時公園內還有一座「北勢蕃討伐戰死者紀念碑」。許多遊客都到公園去玩，樹蔭下令人留連忘返。晚上也會到公園納涼，台灣新文學之父賴和，就寫過一首〈公園納涼〉的詩：

> 淅淅蟲聲聞四面，
> 淒淒夜景左方塘。
> 電光映水金蛇動，
> 月色迷花玉兔香。
> 綠樹陰濃風自起，
> 青衫單薄露生涼。

草亭西畔魚池北，

何許遊人唱二簧。

　　新年那天，矮仔其在公園中看到有一群人圍在一起玩紙牌，是一種賭紅點的遊戲，運用三支紙牌，其中一支畫有紅點，由一個人操控的調換位置，然後找有紅點的紙牌下注，押到了主持者就要賠錢，沒押到錢就被主持者收掉了。矮仔其看了好久，心想三支牌很容易辨識，於是就把五塊節押歲錢賭下去，沒想到牌翻開之後，沒押到錢輸掉了，於是就在這群人旁邊徘徊了很久，到了黃昏時看到這群賭博的人在分錢，矮仔其發現原來是一個騙局，是一種詐賭的集團。經過這次教訓後，矮仔其痛恨賭博，一生中不喜歡賭博，也討厭別人賭博。

　　那一夜因太晚了，又沒有錢坐火車回鄉下，只好又跑回舅公家找土霧姑，但也不敢說出賭博輸錢的事情。隔天清晨，很早就爬起來，告別土霧姑，用走路回家，從早上走到茶園角，已經是下午一點了，這次輸錢的教訓使他終生遠離賭博，這真是：「經一事長一智」最好的印證。

　　我們常聽人說：「十賭九輸」，賭博的人起源於貪，為了圖別人的錢，別人也一定想你的錢，因此常使詐。另外，贏錢的人，常因錢來得容易，會隨便花用，常花天酒地，因此有句話說：「贏繳錢無過暝。」

　　賣掃帚的生活，一直持續到十三歲，由鄉下賣到城裡彰化、台中等地，年歲一年年的長，視野漸漸的擴大，走在大街小巷中，矮仔其學習了察言觀色的本領，也洞察了顧客的

心理，有些顧客明明要買，常又嫌東嫌西，這種吹毛求疵最主要是爲了要殺價，原來「嫌貨才是買貨人」是有道理的。

　　人的慾望是無止境的，每一段時期都會有一些期待，有一點願望。孩子在成長的過成中，內心常會希望擁有自己喜歡的東西，這種期待常是促使孩子在工作時產生無限的動力。矮仔其爲了一個手錶，努力賣掃帚，賺一點零頭來儲蓄，皇天終於不辜負有心人，經過一段時間手錶到手了，自己辛苦賺的錢買的手錶，戴起來有種光榮的感覺。矮仔其又想到要買一雙雨鞋，當時「地球牌」的雨鞋是一種名牌的鞋子，非常美觀又耐用，矮仔其很想買一雙來穿，可是沒有錢，還是必須努力賣掃帚，才能達成願望。

　　經過一段時間的努力，矮仔其的口袋已有足夠的錢買雨鞋了，就一個人跑到彰化市的三角公園的鞋店選擇雨鞋。當時一位店員有一張三寸不爛之舌，介紹了一雙「開地牌」的雨鞋，樣式也非常美觀，但開價有一點貴，矮仔其心想討價一下，可能可以買到便宜一點的貨，於是以店員開價的一半出價，終於成交了，矮仔其將口袋的十多塊錢交給了店員，拿著雨鞋踏出店門時，那位店員好像對另外一位說：「哇！今仔日又閣抓一隻。」矮仔其聽到了這句話，心理意會到有一種被敲詐的感覺，但錢已經給人家了，有一種無可奈何的鬱悶之情油然而生。

第五章 甘蔗販仔的田園生涯

台諺：「做牛著拖，做人著磨，做雞愛筅，做人愛反（音病）。」

台諺：「一樟，二瓊，三埔姜，四苦楝，拔仔柴無路用。」

四年是一段不算短的日子，矮仔其賣了四年的掃帚，年齡也已十四歲了。在鄉下時常聽到一句俗話說：「做牛著拖，做人著磨，做雞著筅，做人著反（音病）。」意思是說，做了牛就注定要拖車、拖犁、耕田；做為人就必須接受各種生活的磨練；當做雞必須用爪啄食，做為人必須在變化中求進步。從事不同工作也是一種變化吧！

十四歲那年，除了幫忙農事之外，做起「賣甘蔗」的行業。台灣的甘蔗有兩種，一種用來榨糖之用的白皮甘蔗，這種甘蔗是日治時期日本人到台灣來推廣的蔗種。到了戰後，台糖公司總共接收了四十二家糖廠，後來合併為三十六家，繼續經營。另外一種供人食用的黑皮甘蔗，這種甘蔗也是一年一熟的作物，收成時間大約在年底十月。想種這種甘蔗的農人，大多在每年最後一季水稻將收成時，把挑選出來的甘蔗老根整齊的平擺在稻田中，等到稻子收割後，甘蔗的新苗也有半尺多高了。經過一段時間，可以收成時，甘蔗砍下來之後，先去掉蔗尾與葉子，一綑一綑的綁起來，過秤之後載

出去賣給小販。

通常小販把甘蔗載出去沿街叫賣，或固定設立攤位販售。十四歲的矮仔其由賣掃帚，改行賣起了甘蔗。每天從家裡用扁擔挑著一擔甘蔗，走到了鹿港的市場口販售，菜市場口有賣杏仁茶、肉粳、豆花、青菜……等各種小本生意的販仔。

一支甘蔗大概可以裁段三節，一節可賣兩分錢，還必須為客人削去蔗皮，因此賣甘蔗的人，通常稱為「削甘蔗」。到了市場邊矮仔其把甘蔗放好，等待客人來買甘蔗。有一天的中午，來了三個年輕人，看到矮仔其在賣甘蔗，其中一位就說：「猴囝仔：佇茲賣甘蔗，你咁知影規矩？」矮仔其看看這三位年輕人，好像不懷好意，就對他們說：「有啊！我有納市稅。」

另外一位年輕人又問：「你的甘蔗咁會甜？」

「會啊！真甜。」矮仔其自信滿滿的說著。

「你咁會曉削？」一位以不信任的語氣說著。

「會啊！」矮仔其說。

「囝啊！你削乎阮三個人食，阮食袂中斷就付錢，袂付乎阮食，免錢。」這三位年輕人，看他年幼可欺，對著矮仔其說。

「好啊！但是有一個條件，甘蔗袂使咬斷就吐掉，一定愛吸乾蔗汁，蔗渣必須變白才能吐掉。」矮仔其胸有成竹的說，準備與這三位年輕人鬥一下。

約定好了之後，矮仔其憑著熟練的削甘蔗的技巧，很快的就削了三段甘蔗給三位年輕人吃，還沒有吃完一段他已經

又削了三段了，一根比他高的甘蔗，分成兩次，就削好了，這三位年輕人看他乾脆俐落的技巧，都一致嘆服他小小的年紀，就有這麼好的工夫。於是其中一位年輕人就說：「好了，我們吃不完了。」就乖乖的付錢了事。

這件事情算是矮仔其賣甘蔗期間，印象最深刻的往事。從小矮仔其就知道這個社會有很多弱肉強食的事情，遇到這種事情時，必須運用智慧去解決，不能意氣用事，有勇無謀常會將事情弄巧成拙，台灣有句俗話說：「好好鱟刣甲屎流」意思就是說不會處理事情時，會把事情搞垮。遇到任何事情，必須理性去處理，凡事要三思而行，才能把大事化小，小事化無。人生活在這個社會上，不要怕事情，但不要惹事生非，才不會給社會製造問題，給自己添加生活上的麻煩。

日子在等待顧客與削甘蔗中度過，做為一個賣甘蔗的小販，只期待每天早點把甘蔗賣完。在一個周末的下午，有五個中年人，來到矮仔其的攤位邊，說要來「剖甘蔗」與「壙甘蔗」比賽，首先要矮仔其準備十支大約四尺長的甘蔗，先每人分給一支，再輪流用削甘蔗的刀將甘蔗剖做兩半，看誰能一刀剖到底，若不能一刀剖到底，就必須比一比誰一刀下去剖最長，最長的人算贏，輸的人每人就要出一毛錢給剖最長的人，如此一而再，再而三反覆的玩著，這種把戲帶點賭博的性質。

另外，「壙甘蔗」就要比眼力，每一個人選擇一支甘蔗，然後分別用刀切成兩段，然後把兩段甘蔗排在一起比長短，如果兩段一樣長的人最贏，若沒有等長，就比相差最短的人，算是最贏的人，輸的人一樣要出一毛錢給最短的人，

這種玩法因有了賭錢，使這些人玩得非常快樂，很快的矮仔其的甘蔗就賣完了。在玩的過程中，常把甘蔗剁碎了，有一種暴殄天物之感。但甘蔗是顧客買的，矮仔其也管不了。這種玩法又加上賭錢的性質，使矮仔其有一點厭惡之感，但他只是敢怒不敢言，足以安慰的是甘蔗很快可以賣完。

甘蔗在玩「剖甘蔗」與「壙甘蔗」中賣完時，矮仔其可以提前回家，回到家裡以後，矮仔其喜歡去玩一下「打陀螺」的遊戲，台語說：「拍干樂或釘干樂」。以前要打陀螺，家裡貧窮的人，買不起玩具時，都必須自己動手製作，用樹幹削成干樂，有時大人會幫小孩製作，也算是一種親子活動。矮仔其想打陀螺當然必須自己去做，做干樂的材最好是樟樹，因為樟樹很會響，因此有句俗話說：「一樟，二欅，三埔姜，四苦楝，拔仔柴無路用。」意思是說明製作干樂最好的四種柴木；另外有人說：「樟勢嘯，欅勢走，那拔柴車笨斗。」也是這個意思。

做成干樂後，最好是不容易被打破的材質，較受人歡迎。當時候做為甘樂釘最好的是鐵質的四角釘，這種釘必須去打鐵店才可以買到，這是那時候最高級的干樂釘，所以在釘干樂時有一個規定，如果干樂被釘破了，它的釘子誰先搶到就歸誰所有，那該是最為高興的戰果。

打干樂是以前鄉下小孩子，都玩過的遊戲。愛玩的原因是它帶有「搏擊性」，釘人家的干樂，或被人家釘都有一份刺激感，把別人的干樂釘得遍體鱗傷，有一種戰勝而歸的快意，若被釘得體無完膚，也會有一份轉戰沙場，永不屈服的快慰。這種遊戲是矮仔其喜歡玩的把戲，另外，做彈弓打麻

雀，矮仔其也樂此不疲。

彈弓，該是農業社會中，兒童生活喜歡的玩物之一。但要彈弓也需要自己製作，矮仔其喜歡在賣甘蔗之外的時間，去砍蕃石榴的枝椏來做弓架，這種材料容易找到，以前在鄉下許多人家，都會有番石榴，這種樹樹質細密，握在手中感覺也很舒服。

有了弓架之後，再去找橡皮帶子，通常都用腳踏車廢棄的輪子內胎，再用剪刀剪一長條，剪成兩段等長，再用鐵線緊綁在弓叉上，另一端加上皮片，以便置放小石子，就可以到處尋找目標射擊了。

彈弓做好以後，矮仔其便把彈弓掛在頸子間，或插在腰間，就到處去找尋小石子來當子彈，彷彿是一位獵人，到處去找尋目標，不管是麻雀或是斑鳩，甚至於樹上的野果，都變成了靶子，紛紛發射，就像在街頭巷尾的虎豹小霸王一樣，放浪而任興的去悠遊，肆無忌憚的彈落了夕陽才不得不回家。

偶爾也會找來一些年齡相仿的朋友，在樹上吊起一個鐵罐子，或在鹿港溪旁插一些竹竿，綁上鐵罐子後，大家來練習射靶，射中了就發出一種聲音，那種響亮的擊中聲，是最讓人有雀躍的快慰之感，大家都爭先恐後的表現技能，盼望被朋友稱讚為神槍手。

矮仔其住家的左側有一條河流，稱為「鹿港溪」，也叫「員林大排水」，是他小時候常去捕魚、捉蝦、抓土蝨、水蛙……的地方。這條溪位於彰化平原上，八卦台地的西側。它發源於民間、二水一帶，在平原上漫流了二十九公里之後，

從鹿港、福興之間入海。這條河流本來也是濁水溪的支流，早期濁水溪經常做水災，於是大正一年（一九一二）年，沿著濁水溪兩岸築成堤防，把濁水溪主流固定。鹿港溪從此失去了源頭，而成為一條以排水為主的斷頭河；因為鹿港溪多曲流，洪水不易宣洩，經常造成災害。

因此在鹿港地區有一句俗語說：「狗仔一入來，台灣做水災，火車頭駛入大街內，樂觀園看戲倒頭栽，啞口死太太無人知。」這句俗語記錄了日治時期，日本人領台之後，過了幾年鹿港、福興因濁水溪氾濫成災。傳說民國四十四年，鹿港的小火車站有人去偷開火車，因不會煞車，火車開入了中山路。當年有人去樂觀園戲院看戲，從樓上摔下來，摔死了。有一個啞巴死了太太，因不能說沒有人知道。這些俗語是記錄鹿港溪一帶的災難。以前若是天災時，有人就會說：「人無照情理，天無照甲子。」

鹿港溪因曲流而氾濫成災後，為了使水道暢通，到了昭和十六年（一九四一）左右，再將鹿港溪彎繞的曲流「截彎取直」，同時取名「員林大排」。在這條溪中，有矮仔其捕魚、抓蝦的甜美記憶。

在夜間矮仔其常到田野間去捕青蛙，以前的農村孩子，常到田裡去捕抓青蛙，以便回來做為下飯的菜餚。當時生活物質相當匱乏，一日三餐可以配飯來吃的菜有限，除了自己種的青菜外，都會醃製一些蘿蔔乾來吃，有時候到田野間去捕捉蝸牛、田螺、蚌、魚蝦……這些都是上等的菜色，而把青蛙抓來煮湯或油炸都是上等佳餚。矮仔其常在晚間，提著電土火及竹簍子走入田野，在黑夜裡聽著蛙聲去尋尋覓覓。

青蛙有時候用釣的，矮仔其用一支竹竿綁上一條細線，線端綁上蚯蚓，到稻田邊、鹿港溪邊、圳溝邊到處去釣。有時候在晚間聽到青蛙的鳴叫聲，一群孩子就會一起吟唱著：「一隻田蛤仔，嘴闊闊，目睭吐吐，腹肚大，三更半暝地唸歌，呱呱呱呱呱⋯⋯呱呱呱呱呱⋯⋯。」大家盡興的唱著。

除了抓魚、釣水蛙外，找到了空檔時間，矮仔其會呼朋引伴的去田野間焢窯。在台灣農村，農家除了種田之外，大部分人家養豬，在自己的園中都種甘薯，養豬除了吃餿水外，就吃地瓜或地瓜葉，因此，每戶農家都會種地瓜田。採收過的地瓜田是一個非常好玩的地方，採收地瓜都用犁犁開土地，將土中的地瓜犁出來，農人將地瓜揀回去，以供人或家畜食用。

採完地瓜的甘薯園，就是孩子遊戲的樂園，那兒堆滿著一塊塊大大小小的土塊，小孩子在空曠的田野上追逐、嬉戲，矮仔其最喜歡焢窯。要焢窯必須先砌土窯，造土窯必須一種技巧，搭窯之前，先將地面挖個凹洞，這樣可使窯的空間加大，柴火才容易燃燒，加柴時也才不會使窯塌陷下來。而搭窯時下面的土必須大，愈往上愈小才能穩固。

矮仔其是一個搭窯的高手，在很短的時間內就能搭好一個窯，許多孩子搭到最後多塌下來，必須重新再來。矮仔其做任何事情都非常仔細，他認為基礎很重要，因此每一塊土都選擇最適合的再放上，在不容易收頂之時，他更小心翼翼的搭上。

窯搭好了，放下撿來的木材於窯中，升起了火，把窯洞燒起一片烈火的世界，把窯土燒紅燒熱，燒成熾熱的火塊

後，再把窯裏的餘火退出來，再將地瓜從洞口丟進去，或在窯頂戳個洞，把地瓜丟進去。

地瓜丟進去後，再把土窯擊垮，把土塊擊碎成灰，讓土灰的熱度，把地瓜悶熟。在悶的等待時間中，同伴就會找來玩遊戲，矮仔其喜歡完「夯馬相戰」的遊戲。大一點的孩子當馬，有時是三人成一匹馬，有時是兩人成一匹馬，而把瘦小的孩子扛著在肩膀上，分成兩國相互推拉，被拉下馬的人算輸。矮仔其因爲瘦瘦的身材，常常被推當戰士，但他手腳快，又因削甘蔗練成了手臂力強，一下子就把對方拉下來。

等待地瓜熟的時間在「衝啊！」或「殺啊！」的高聲吶喊中過去了。守在窯旁的大孩子，估算一下時間後，用木棒把土窯翻開來，把地瓜一個一個挑出來，大家按著輩份、大小，依序來分食這些甘薯。剛出土的地瓜總是飄出香噴噴的香味和泥土味，大家吃得非常的快樂。

從十四歲開始當賣甘蔗的小販，第二年矮仔其做起了紅甘蔗的中盤商了，做生意的形態改變了，他不再一支一支的削了，而是一捆一捆的賣給店仔頭。一般來說自己蔗田種的甘蔗，用來削著零售，有時候到產地去買別人的甘蔗，轉賣給別人去零售了。

有句俗話說：「販仔目二等秤」，這句話說做生意的人，眼光要特別銳利，要能看清楚斤兩。中盤商人必須在買賣之間去算計利潤，因此，到甘蔗園去買甘蔗時，必須仔細觀察，那一塊田有多少甘蔗；一般先看一叢甘蔗有多少斤，再看每一行有幾叢，間隔的算過幾行後，再去乘總數，心中估算出總價錢，矮仔其的估算都很正確，跟蔗農買定之後才採

收甘蔗。砍完甘蔗後，用草繩綁成綑，一綑約一百二十斤左右，然後用牛車載到店仔頭出售。通常載一牛車出去，在荣園角鄉近的村莊兜售，一般都在距離家鄉十公里以內的村莊販賣；最常走動的鄉鎮有福興、鹿港、秀水、埔鹽、花壇、溪湖……等地。

　　賣甘蔗的那些日子裡，矮仔其的父親吳路漢常對他說：「做生意愛勢買，毋通勢賣。」意思是說出錢一方通常是顧客，是要被尊重的。因此，買東西時就要認真去算計，而當要出售時，就必須尊重買方，不要太去計較。因此每天清晨就用牛車載滿甘蔗出去兜售，從早上賣到下午，在下午賣的價格通常較便宜了，俗話說：「貴貨頭俗貨尾。」先買的人較有選擇的機會，貴一點是應該的，剩下的貨尾，賣便宜一點是合理的。賣完甘蔗通常是黃昏時刻了，矮仔其就坐在牛車上，慢慢的由老牛拖著回家，邊走邊想著父親常說的：「做生意愛三好一公道」的道理，一般是說：品質好、服務好、衛生好三好之外，價錢必須公道，回家的路上是矮仔其做自我檢討的時間。

　　賣甘蔗的那段日子，如沒有甘蔗可賣時，必須做各種零工，有一段日子與村莊的人到外埔吳厝莊至大崙尾一帶（現在的番婆村東邊，大崙村西邊）去建築飛機場，那時正值第二次大戰期間，日本人要這些庄民搬出村莊，在那個地方建築飛機場，並命令村民派公差去工作。那時築飛機場叫「做公工」，而「做公工算人頭」矮仔其雖小也算是一個人，當時矮仔其在做公工時只會搬石頭、種草坪等比較輕鬆之事情。飛機場現在已經廢掉了，僅在現在的番婆村留下一個防空砲

台，來見證當時的歷史。

談到日治時期的太平洋戰爭，那時還是十來歲孩子的矮仔其，也跑過空襲警報，每次空襲警報一響，矮仔其就跑入家後的甘薯園，用甘藷藤遮住，看飛機飛過天空，隨後就會聽到轟炸聲，有一次聽到子彈聲就在身邊，被驚嚇的六神無主，以後空襲警報響起，他就趕快躲入防空洞。

那個時候已經是太平洋戰爭末期，日軍陷入第二次大戰泥沼中，為了求兵源已募集台灣青年去參戰。從一九四二年陸軍特別志願兵、一九四三年海軍特別志願兵制，掀起了「天皇赤子」的「血書志願」熱潮。另外有一千八百名原住民編入高砂義勇隊赴南洋。

一九四五年四月，日本人在台灣實施全面徵兵制度，役齡青年均得徵召入伍；在校青年學生必須參加「學徒兵」，從事國防建設與糧食生產，或戰地防空等訓練。台灣青年變成了太平洋戰爭末期日本帝國最後一搏的人力資源。

當時日本人一直在營造入伍當兵是一種光榮的事情，要去從軍時就會舉辦歡送儀式；最主要營造一種「台灣人」與「日本人」都是「天皇赤子」，也因此要敵愾同仇、合力對外。因此，從軍就必須快快樂樂的出征。

然而當時有許多台灣人被派到南洋，或中國大陸都成為炮灰，依歷史上記載有三萬多人未歸來。因此，每當要送家人去當兵，內心一定感到相當痛苦與無奈。約在一九四○年代，台灣作曲家李臨秋先生，就寫過一首〈送君曲〉：

阮送夫君欲起行，

目屎流落沒做聲。
正手（右手）舉旗，
倒手（左手）牽子，
我君啊！
做你去打拼，
家內放心免探聽。

火車慢慢欲起行，
一時心酸昧出聲。
正手（右手）舉旗，
倒手（左手）牽子，
我君啊！
身體顧勇健，
家內放心免探聽。

　　這一首歌謠記錄著，當台灣青年要去當兵時，台灣婦人強忍著內心的痛苦，還必須安慰要去當兵的丈夫心情。矮仔其生逢戰亂時期，看著這些悲歡離合的人生處境，過著跑空襲、做公工、賣甘蔗、駛牛車的艱苦歲月，他沒有怨言，心想──「人愛拍拼，毋免怨命。」總會有成功的一日。

第六章　單騎跑天下的滄桑

台諺説：「偷掠雞也要蝕把米。」

台諺説：「魚食露水，人食呰水。」

一九四五年八月九日、十四日，盟軍分別在日本廣島、長崎投下了原子彈，八月十五日，日本人無條件投降。歷經四年多的太平洋戰爭，在這兩顆原子彈的威力下結束，第二次的世界大戰，也沉入了萬頃碧波的太平洋了。

日本在原子彈的轟炸之下，許多人喪生或家人失散。先生找不到妻子，也有妻子哭著找不到先生、子女；許多人遭受的輻射的傷害，在當時長崎醫院的永井隆博士，也遭受了輻射的傷害，他在臨終前在病榻上，以其親身的體驗寫了一本書《長崎之鐘》記錄這場戰爭帶給日本人的苦難，受到了很熱烈的反應。

後來一位作曲家「サトウ・ハチロ」與作詞家「古關俗而」以此書寫了一首歌，由出名的老歌手藤山一郎演唱，獲得廣大的流行。

「長崎之鐘」的歌詞後來由音樂家李雲鵬翻譯出來，歌詞分成三段：

看見蒼天遐邇清，

想著暗然傷神情。

波浪起落人世啊！
宛如浮生野花命。
安慰鼓勵長崎的，啊啊！
長崎的鐘聲響。
良妻被召赴天庭，
放我孤單最你先，
所留遺物念珠啊！
且看目屎滴胸前。

心內原罪懺悔情，
不覺更深月色明。
貧寒家庭赤祭拜，
高貴清白瑪利亞。

　　這首歌在歌者感情投入的演唱下，獲得日本廣大民眾的
傳唱，唱出了戰爭的可怕，也唱出生命的無常。而當時的台
灣，因為長期的戰爭，又受日本人的欺壓，日本人戰敗了，
台灣人都歡欣鼓舞，十月二十五日中國戰區台灣省受降典禮
在台北市公會堂（今中山堂）舉行，台灣要重回祖國的懷
抱，台灣居民也唱著：「台灣今日慶昇平，仰首青天白日
旗；六百萬民同快樂，壺漿簞食表歡迎。」

　　經過戰爭苦難的台灣人民，以興高采烈的心情期待祖國
政府的到來。有一幅歡迎的對聯寫著「喜離苦雨淒風景，快
睹青天白日旗」可看出台灣人期待祖國的心情。

　　朝代雖然換了，矮仔其仍然為了生活在奔波，一村過一

村去做小生意，有時也必須打零工、種田，瑣碎的事情仍然依舊，並沒有改變他的生活形態。鄉下人還是種田、做雜役、做小生意來賺取生活費用。

在做小販的生活中，內心苦悶時，口中會吟唱一首陳達儒〈心糟糟〉的歌：

黃昏冷淡啊！日頭落。
鳥隻尋巢啊！飛過河。
呼阮啊！有哥袂相好。
啊！見景傷情，心糟糟。
啊！心糟糟。
春來花蕊啊！露水靠。
阮的阿哥啊！有那無。
三更啊，床中欲躺倒。
啊！空思亂想心糟糟。
啊！心糟糟。

世間有人啊！有煩惱。
幾個像阮全為哥。
悲情啊！無路對哥報。
啊！父母束縛心糟糟。
啊！心糟糟。

這是一首心情不好所唱的歌，歌詞雖然是為了感情在傷心，但矮仔其是因為生活的辛酸苦澀在悲嘆。在一種茫然

中，無形中也唱出這首歌的曲調，奈何越唱越感到「心糟糟。」

十六歲的矮仔其又開始賣花生米（土豆），剛開始賣時用挑的出去，和賣掃帚一樣，在附近的村莊兜售。當時一斤生的花生約一塊一毛錢，經過炒熟之後，一斤可賣一塊五毛錢，每天可以賣約六十斤。賣回來之後，還要自己炒花生，炒花生的方法，先把沙炒熱後，再把花生放下去，一次約炒十幾斤。在炒的過程中必須用一把柴梢，形狀如一把刀，邊炒邊攪直到炒熟為止。然後再放入竹篩裡把沙篩掉後，再用鹽水攪拌後，存入甕或大缸中儲存，在缸上蓋上布袋，就可以了。

當時物質匱乏，吃飯時若有花生可以佐食，是相當豐盛的。因此買花生的人也多，生意很好。矮仔其為了賣得更多，他去買了一輛腳踏車，標幟是一個三角形的圖岸，是日本原裝進口的，當時的市價是五百五十五元五角。於是他每天就騎著新買的腳踏車，出去賣花生米。當時的鄉下有一輛腳踏車是一件很風光的事情，所以他每到一間店仔頭，必然有許多人圍觀著，甚至有一些老年人會罵矮仔其「討債」（浪費），騎這麼好的車子做生意賣花生。矮仔其就裝做沒聽見，回家以後就每天拭抹著腳踏車，還塗上豬油，以保持腳踏車的亮度。

這輛腳踏車開始載貨，只載約八十斤，載到最後可載約兩百斤，在路上騎還可以把雙手放掉，車子仍然還可以行走。每次到店仔頭腳踏車停妥之後，總會有一些小孩來圍

観，矮仔其怕腳踏車會倒下壓到孩子，矮仔其就拿一些花生送給小孩，這些小孩雙手拿著花生都會趕快回家，有些家長就會問小孩，從那偷來的花生？小孩就說小販給的，家長總是不相信，就叫小孩帶著去找小販問清楚。矮仔其看到家長來了，就說給小孩子吃的花生，家長有的就感到不好意思，會買一些花生回去。如此一來，小孩圍觀的安全問題解決了，同時也引出一些大人來買貨。

　　台灣有一句俗語說：「偷掠雞也要蝕把米。」或說：「鯽仔魚釣大鮡。」這兩句話都說明了，做生意最好也該有一些樣品，讓人先品嘗。給小孩子花生也是引誘顧客上門的方法吧！

　　當時還有一位從彰化市到鄉下去賣花生米的「唐山仙」，他的花生香脆好吃，但對待鄉下的小孩很兇，在店仔頭聊天的老人，總是說「唐山仙」太勢利眼了，沒有一點仁慈心，小孩子只是喜歡鬥鬧熱，圍在一起看賣花生，又不會妨礙他的生意，他為什麼要趕孩子回去？還是這位少年人比較會做生意，對待人和和氣氣，不管是大人小孩，都平等看待，雖然不是很熟悉的人，他總是熱情招呼。有一位老人說：「俗語說：魚食露水，人食啄水。」少年有啄水，生意一定好。

　　矮仔其聽到別人的讚美，裝做沒聽到，趕快從口袋中，掏出大陸進口的「梅蘭香」香煙來請這些老人，還送這些老人一些花生，要他們品嘗一下味道。吸了高級的香煙後，香噴噴的煙味讓人陶醉；又吃矮仔其送的花生後，這些老人一直讚賞花生既香又脆，於是雜貨店的老板自然向矮仔其進貨，同時這些老人也會各自買一些花生回家。台諺說：「食

人的啄軟，提人的手軟」，受人一點恩惠，多多少少要回報一下，說人家一點好話，買一些花生，也算是相互幫忙吧！

平常矮仔其賣花生的路線，大約分成三條方向；一條走埔鹽、往萬興、溪湖一帶；另外一條路線是從外埔、秀水、馬鳴山方向兜售；還有一條是從鹿港、草港尾、到蚵寮。差不多一天走一條路線，輪流著叫賣：「土豆…土豆……鹹酥的土豆……」。每年到了「九降風」的季節，要賣鹿港這條路線就必須逆風而行，腳踏車載滿了花生，真是被風吹得有一點寸步難行，常常要牽著腳踏車走路，「鹿港風」真是名不虛傳的強勁，難怪以前鹿港居民為了躲避鹿港風，建造了彎彎曲曲的巷道，運用了九曲巷來走避強而鹹的海風。

在鄉下成長的矮仔其，個性純樸又謙虛，做生意抱持著薄利多銷的原則，勤跑鄉下。有一次騎腳踏車到埔鹽，到達崙仔腳、中古園一帶兜售花生，當時有一位議員顏忠堯先生，專門製作塑膠產品，工廠內請了許多女工，黃昏下班時，走在鄉徑小道，兩位女孩故意手勾著手，走在並不寬闊的小路，使載著花生的矮仔其不敢過去，這些女工總是三五成群的走在路上，故意說要給矮仔其做媒人。

面對這些成群的女工，矮仔其只是笑而不答。默默的跳下腳踏車，牽著車子走路，通過工廠前的馬路，這群愛開玩笑的女孩，與矮仔其並不熟悉，只是這條路是矮仔其常常經過的地方，常遇到這些下工的女孩。那時一心一意想要賺錢的矮仔其，根本沒有想到結婚的事。

在當時的環境中，男孩十七、八歲就結婚的人很多，因農業社會需要工作的人力，結婚生子以便有人投入勞動行

列；另一方面台灣社會的人，一般人總希望早日抱孫子，以享受含飴弄孫之樂趣。

雖然常常有一些人在店仔頭，講天說皇帝、講黑講白、講高講低，有時候也會有人講到「黑貓穿裙無穿褲，黑狗穿褲革拖土；欲娶黑貓去散步，腳骨若酸坐草埔。」或「黑貓欲嫁黑狗尪，欲掠白貓做媒人；是欲是毋定來送，若無黑貓嫁別人。」這些七字仔情詩都耳熟能詳，只是矮仔其並沒有戀愛的心情，更沒有結婚的準備，對於一些妙齡女郎有意無意的搭訕，並沒有太大的興趣。

或許是矮仔其的腳踏車，拭擦的特別醒目，騎在路上引人注目，有一次從菜園角出發，經過三塊厝，遇到五、六個年輕人在路上騎車，這些少年對矮仔其挑釁說：「少年仔來騎緊比賽！」於是矮仔其抱著「輸人毋輸陣」的精神，與他們競技，矮仔其的車上還載有花生，速度並沒有比他們慢，一直騎到了溪湖，這種騎腳踏車比賽的事情，到現在矮仔其還記得清清楚楚。

這條賣花生的路線，大約三天就要走一次，於是每次到「三省」這個地方，這一群少年就要跟他騎車比高下，矮仔其也從來沒拒絕過他們，一回生、兩回熟，這群少年家欣賞矮仔其的「古意」，就與他們變成了朋友，真是「無心插柳柳成蔭。」矮仔其就說：「以後騎車比賽時，要『放雙手』才要比。」於是就玩起放手騎車的遊戲，放雙手騎車在牛車路必須靠技巧，技巧不熟練會摔得鼻青臉腫，矮仔其靠他單騎跑天下的技巧，得到了這些年輕人的肯定。

賣花生在當時是一種高收入的行業，當年的工資每天一

元兩角時，矮仔其一星期可以賺到五、六十元。有好收入之後，矮仔其又想起做中盤商的念頭，於是開始騎著腳踏車到處去收購花生。因此，他還是騎著單車南征北討，曾經用腳踏車載過五十個布袋到虎尾去「糴土豆」，那時候虎尾地區有「土豆市仔」，是一個產量很豐富的地方，在那個地方容易買到好的花生。

除了在花生市場「糴土豆」之外，還可以到農家去買，直接向農民縛花生園裡土豆，自己再請工人去採收花生。這種買賣方式，土豆販仔要會估算產量，從小就跟著父親去南征北伐的矮仔其，已經練成一位精明能幹的中盤商人了，一區土豆的產量多少，他都能精準的算計出來。

採收花生時，必須僱用女工。有一次他請了十多個女工人，去採收土豆，其中有一位婦人，帶了一個六、七歲的孩子，到花生園去「拾土豆」，一般鄉下在採收花生時，工人採完了，隨在工人後面的一些小孩，撿拾一些遺留在沙土中的花生，俗稱「拾土豆」。然而這位婦人是應矮仔其之聘請，來做採收工作，但他竟然假公濟私，一方面賺頭家的工資，另一方面故意留下一些花生，給自己的孩子來撿拾。

矮仔其發現了，並沒有生氣，他看到這位孩子提的竹籃中，約拾有了半籃花生了，於是他走向前把孩子母親採收的花生，也倒入了小孩的籃子中，並說：「查某囝仔，你拾一籃了，可以回去唸書了。」這個婦人感到非常的不好意思，有一種無地自容的羞赧感，眾人都看著這一幕畫面，從此以後這位婦女再也不敢帶小孩出來「拾土豆」，這位婦人可能良心發現，於是更加努力的採收花生，猶如一種贖罪的心理。

　　矮仔其的這一招處理方法，一方面是因為他同情這些拾花生的小孩，希望她早一點回家去讀書，或做其他之事情。另外，他用這方法處理是會令人感動的；他認為要改變一個人，必須先讓他有所感動，有了感動他才會認真去思考，從內心才容易去改變一個人的。

　　有一年矮仔其在路口厝買了一片花生，請了許多工人在採收，卻遇到了傾盆大雨，演變成大水災，眼看一袋袋的花生被大水沖走，內心感到非常的苦痛，心想，一生貧窮的青年，努力的想做生意，卻遇到這樣的天災，真有「屋漏偏逢連夜雨」的滄桑，又有人算不如天算的無奈。

　　十八歲那年矮仔其，到花壇的橋仔頭，用牛車去運瓦土到瓦窯去製瓦，賺取牛車工資。花壇早期有製造瓦窯的工廠，後來被日本人買走了，改名「煉瓦株式會社」，戰後改名「台灣工礦公司」。瓦窯的製造是赤土（黏土）和田土中的好土，因此，必須請工人到山中去載較好的土來製瓦，當時一起由鹿港過去要載土的有三輛牛車。

　　在介紹牽牛車的人時，人家以為矮仔其是要跟去割草的囝仔，因為他長得瘦小，怎麼想也想不出這位小孩有能力駛牛車，於是有人就想要看矮仔其的笑話。那種不遜的語氣，又刺傷了矮仔其的自尊心，他默默的不吭聲，好好想著要如何倒好車上的土。於是他將車開到一個角度，再以四兩撥千斤的方法，把整輛牛車的土倒掉了，圍觀的人都稱矮仔其的應變能力強。

　　瓦土載了一個多月後，瓦窯老板請他去載粗糠，因為燒瓦的溫度不能太高，必須使用粗糠、牧草、樹枝、菅芒草做

燃料。因此，瓦窯老闆要他去載粗糠，矮仔其心想，載粗糠的牛比較輕鬆，不需要費太大的力氣，就答應去載粗糠。

每一袋粗糠約有八十公斤重，矮仔其抬不起來，他只好負責牽布袋，把袋口打開讓婦人用畚箕裝粗糠放入袋內，同時他必須負責縫布袋口；因以前矮仔其曾經買過花生，縫過布袋口現在縫起來特別快。載粗糠的工作一直持續著，直到矮仔其的弟弟吳瑞清感染到瘧疾，不能割草來養牛，牽牛車的工作才告一個段落，矮仔其再回到家鄉。

牛車牽回家了，弟弟必須治病，矮仔其在工作中受到了挫折，心中惦記著做任何事都讓人家看不起，這個世間很多人只是看重外表，都不願意花一些精神去了解別人的內在，隨便就對一個人做價值判斷，這真是一個膚淺的社會，許多人都不願意仔細去觀察事物，用世俗的眼光去懷疑別人。

矮仔其運用本身的智慧，去解決許多問題，使一些人還是能夠另眼看待，他要給這些人「人不可貌相，海水不可斗量」的觀念。逆境使他堅強起來，使他去從事各種事業，他都一直在努力學習各種工作，他相信皇天不負苦心人，一分努力就會有一分收穫，經驗會使人成長並獲得智慧。

擁有一隻老牛與一輛牛車，就會有生財的機會。台灣有一句俗語說：「甘願做牛，免驚無犁拖。」當然在任何工作都不推辭的原則下，只要可靠勞力換取生活所須的工作，他就會全力以赴的拼命。矮仔其又牽著牛車，做起運輸砂糖的工作。

砂糖一直是台灣的重要農產品之一，台灣糖業也影響台灣歷史三百多年，是台灣經濟上的重要產品。台灣糖業牽連

了土地、農業、工業、交通、金融等多方面的變革，也影響台灣人的生活。有一首歌流傳自大陸，其大意是說：「白糖甜，甜津津，甜在嘴裡痛在心。甲午年起風雲，中日一戰清軍敗，從此台灣割日本。」傳說中國人嘗到了白糖時，想起了出產地已割讓給日本，有一點後悔的感受所寫的歌。

另外，日本人接受了台灣後，其皇族歡欣之餘，也寫了一首兒歌（其語譯為）：「砂糖生成甘又甜，參落牛奶飲落去。」又日治時代，日本人以「台灣糖業是台灣文化之母」來形容新興的糖業。甚至於日本人矢內原忠雄曾說：「甘蔗糖業的歷史就是殖民地的歷史。」可見台灣人的生活與甘蔗一定有極密切的關係。就以矮仔其來說，他從小就參與甘蔗的採收，二十歲又當起運送蔗糖的運輸工人，他的運輸工作，是到溪湖糖廠把砂糖運到梧棲港，都在晚上約八、九點左右，抵達溪湖糖廠，把砂糖放在牛車上，每車約載八大包，然後從溪湖出發，往北走經過兩天後抵達梧棲，交給碼頭準備輸送日本，這就是矮仔其的「駛牛車」運輸生涯。

矮仔其從十七歲開始單騎跑天下，賣花生、牽牛車、車土、運粗糠……等，載過各種不同的物資；也見過各種世面，遇到行行色色的人，使他意會到「一種米飼百款人。」這句話的意涵。

在這段學習做各種生意的過程裡，還有一段賣布生涯的有趣插曲。當時的矮仔其擁有一輛日本進口的腳踏車，就去布莊買一些布匹，再載到鄉下去兜售，那時除了賣少數進口布之外，大部分賣一些適合鄉下人工作穿的粗布料。最多的布料應該是俗稱「和美織仔」、「五州」、「允好」牌的產

品。

談到「和美織仔」的布料，必須知道這種布料，在台灣的經濟發展史上，扮演著相當重要的角色。從早期（約在一九四一年）的手工織布開始，到晚期的機械化過程中，因織布技術進步，生產風行一時的格子布、緹花布，而機械設備也從手動、無梭進步到「針織」，奠定了和美的紡織業基礎。

矮仔其常載著布匹到處兜售，有一天賣到了西勢湖一帶，他就把腳踏車停在一棵大樹下，然後叫賣著。當他叫賣布匹時，一些小孩都圍過來看了，他發現有一位妙齡少女，躲在門窗內一直注視著他，他想這位小姐可能比較內向，不好意思出來看布料。於是他就耍了一次手段，請一位小朋友，拿了一匹漂亮的布，交給躲在門窗的女孩看，小孩子達成任務後立刻又跑回來了，那位小姐自然就把布匹拿回到樹下，於是他有機會跟這個女孩交談，往後就做起生意來了。

在做生意時，矮仔其善於營造賣場的氣氛，除去彼此的陌生感，然後再取得顧客的信任後，再來談生意。他絕不用三寸不爛之舌去煽動顧客，他做生意是看長遠的，並不急於一時。

他利用做生意的機會來結交朋友，換取彼此的生活經驗，談話之時都出自於誠；以誠待人是他做生意的原則，同時他認為顧客永遠是對的，出錢買東西的人，有選擇品質好的權力，買不買是由顧客決定。賣方儘管介紹自己產品的優點，用好品質、低廉的價格來取信別人。

假如是用勞力賺取別人的工資，做事情要盡力而為，不能有偷雞摸狗的不良行為；與同夥一起工作，不可以斤斤計

較，要同心協力多為別人著想，共同做事時不能混水摸魚，有過則由自己來承擔，有功夥伴共同去分享。

在單車跑天下的日子裏，矮仔其努力的學習人生的道理，並盡量去體驗工作的樂趣，無怨無悔的過著生活。常常以俗語所講：「蟬欲吱，也著百日勞苦。」來自我安慰，或自勉說：「世間有人坐死，無人做死。」的精神來面對工作。遇到不如意的事情，總是忍氣吞聲，盡量保持和氣的態度，這就是他的處世哲學。

第七章　一個某卡贏三個天公祖

台諺：「翁仔某，食菜脯。」

台諺：「有錢無錢娶一個某來過年。」

台灣人有一個觀念「男大當婚，女大當嫁」，男孩到了二十歲左右，都必須成家立業，建立自己的家庭，老一輩對自己子女的婚事，是相當在意的；兒女若長大成人還沒有結婚，父母就是責任沒有完成，時常會惦記在心。

以前稱呼未結婚的人為羅漢腳，這些羅漢腳總是抱著「一人飽全家攏飽」，因此總是「賺了了，食了了。」沒有積蓄的習慣，所以就有「一個某卡贏三個天公祖」俗諺產生。希望娶一個老婆來管理家中的事務，成家立業是人生旅程中相當重要的事。只要有一個家，總是有「翁某共同拍拼毋驚甘苦」的共識，常言說：「翁仔某，食菜脯」也就是能同甘共苦的意思。

矮仔其二十二歲那年，父親吳路漢就告訴他要成親的事情。而結婚的對象就是從小自正番厝（海埔厝）領養的妹妹紅棗；紅棗的父親本來是一個警察，生了許多子女，生活壓力大，就把次女紅棗給了吳路漢，當時的吳路漢就想著貧苦的家庭，孩子要結婚花費過大，負擔不起，於是想到領個女孩來養，長大以後就將孩子與養女配對在一起，省去一些娶媳婦的費用；另外，從小養大的女孩，較能共同體驗貧窮的

生活，與孩子結婚才能同心協力。

　　過去就一起長大的妹妹紅棗，當年也已經二十歲了，長得亭亭玉立，個性也滿溫和，勤於各種家事，處理事情也井然有序，做任何工作都無怨言，對於養父吳路漢安排他與矮仔其合婚，也沒有意見。

　　矮仔其年輕的這段日子裡，為了生活東奔西跑，不管是做工、做生意都全力以赴，因年紀小、體格瘦小，常被取笑說：「無先學行就欲學飛」，或說：「三斤貓閣想欲咬四斤貓鼠」來刺激他，但在他的聰明智慧下，總是讓這些取笑他的人跌破了眼鏡，更獲得了眾多人的讚賞。父親要他成家的意願，乖順的矮仔其也沒有意見。

　　台灣早期社會，婚姻要付出相當的代價，結婚的費用高，貧窮的家庭付不出聘金，自己去領養一個別人的女孩，長大後與自己的孩子結婚，這種領養的女孩稱為「媳婦仔」，結婚以後就變成「媳婦」，也就是我們所說的：「童養媳」。養媳婦仔的目的是要與自家的男兒結婚，但有時候還沒有男孩的家庭，也會養一個媳婦仔，長大後用招贅的方式，為媳婦仔找一個丈夫，這種方式也是省事又省錢。所以民間有一句諺語說：「無米有精臼，無子抱新婦。」意思是說：沒有米卻有搗米的臼，沒有兒子先抱媳婦。

　　以前農業社會有句話說：「有錢無錢娶一個某來過年。」因此從八月中秋以後，就陸陸續續有人結婚，吳路漢告訴聰其與紅棗要為他們辦婚事之後，就開始準備兩人合婚的事；通知一些親朋好友，找一天好日子，拜拜祖先，簡單隆重的做個儀式，就算完成了。

　　中秋節過後不久，吳路漢請來辦桌的師父，在自己家中的曬穀場，辦了五桌料理，請左右鄰居與親朋好友來作客，喜宴吃完以後，也就說明了聰其與紅棗婚姻完成了。這一天對聰其與紅棗有其特殊的意義，本來是兄妹關係，從那天起就變成了夫妻關係。

　　當天的吳聰其看到家裏來了許多親朋好友，心裡非常快樂，但擔心晚間有一些遠方的親戚，沒地方睡覺。入夜之後，他就告訴一些女親戚說：「今晚你們跟紅棗一起睡，我到店仔頭漢文先家去睡。」而那一些親戚就說：「今天是你們新婚之夜，怎可讓新娘跟我們睡。」聰其聽了之後，有一些靦腆之感，只好微笑著，沒有再開口了，這件事或許是他結婚五十年來，永遠放在心裡的記憶。

　　從小紅棗手藝很好，也比較會做菜，結了婚以後，父親吳路漢希望他專門留在家裡做飯、洗衣，因為她不善於做農事，留在家做一般家事，一向很聽話的紅棗當然是「恭敬不如從命。」於是每天就待在家裡煮飯，整理家中大大小小的事物，有空閒的時間就織織草帽，過著平平凡凡的日子。

　　當時的鄉村，物質相當匱乏，煮甘薯飯時，必須把甘薯皮削乾淨，但每次在削甘薯皮時，父親吳路漢總是說：「甘薯皮不可以削太乾淨，皮削太深是一種浪費。」紅棗知道父親是一個相當克勤克儉的人，也就依他的意思只削成五花狀態，就下去煮了。

　　一般鄉下煮的菜，可能只是炒炒絲瓜、空心菜、或甘薯葉、炒蘿蔔乾，煮一些麵線湯是最常有的料理，紅棗會特別用一點肉與鹹瓜，燉一些湯給父親吳路漢吃，其實煮飯也沒

有什麼菜可以料理的。家事看起來是相當輕鬆，但卻是非常繁瑣的，紅棗卻是羨慕家人早出晚歸的田野工作。

紅棗在家煮飯，聰其總是早出晚歸，過著「日出而作，日落而息」的生活，聰其除了種田的時間之外，配合著時節做著各種生意，或做各種雜役工作，只要有錢可以賺的事情，他永遠沒有推辭過，一心一意抱著工作就是一種學習的態度，當他把工作看成了學習之後，每一種工作都能產生趣味，體會出各種事物不相同的面相。生活變得多彩多姿，工作也不會覺得痛苦了。

結婚一年多之後，紅棗的長子吳偉立（原名宗仁）出生了，有了孩子之後，紅棗的生活重心多了養育小孩的工作，相夫教子的生活展開了。說到養育孩子，只是哺乳或照顧孩子的安全，不使孩子飢餓是母親的天職，在貧苦家中的孩子，好像很認命，不太敢給母親找麻煩，吃飽就睡了，睡醒後又再吃，很有規律而慢慢的成長著。

有了孩子之後，聰其與紅棗遵守著「男主外，女主內」的職責觀念過生活。從小乖巧而辛勤的聰其，到了結婚之後，一直想到「成家立業」這句話，雖然每天認真做事，總是希望自己能白手起家，創造屬於自己的事業。

台灣在一九五○年代，生活仍然相當貧窮，到了民國四十年，美國國會通過共同安全法案，開始對台灣提供經濟上援助，到了民國五十四年，約十五年間總共約提供十五億美元的援助，平均每年約援助台灣一億美元。美援穩定了台灣的物價，使了台灣的經濟有了一點轉機。經濟學者林鐘雄曾說：「由於當時的經濟安定委員會（以及行政院美援運用委

員會）在美國經濟援助資源之分派上有極大的影響力，故多少能透過資源分派，直接決定主要基本設施建設及新台幣資金運用方向，而間接影響主要財經措施的制定與執行，對當時台灣的經濟發展影響甚鉅。」這段話說明了美援對台灣經濟的貢獻。

從民國四十二年開始「經濟安定委員會」，推動台灣第一個四年經濟建設，開始致力台灣的經濟發展。此時的工業發展主要目標，以供應國內市場為主，以取代進口，減少外匯支出，重點工業為紡織、食品加工、合板、肥料等。

台灣經濟經過兩次的經濟發展計劃的執行中，的確給台灣人民帶來進步的生活，剛結婚不久的聰其，也非常注意著社會的變遷與經濟的發展。他雖然沒有進學校讀書，但憑他做事情的努力，與靈活的腦力，他有足夠的智慧，去判斷社會未來發展的走向，於是他想著——只有跟上時代潮流，才不會被社會所淘汰，但是創業是一種艱難的事，必須仔細去思考。

台諺說：「萬事起頭難。」但他相信，只要找到適當的事業，他一定要努力的向前邁進。他相信皇天不負苦心人，以前他做生意的生涯中，他都艱辛的走過了，每走過一步都留下了腳印，都帶給他許多歷鍊，他相信人必須在穩定中求進步，不可以好高騖遠，人是不可能一步登天的，只要有目標就一定可以達到的，抱定了決心後，他就常常與朋友研究，要如何去創出一片亮麗的天地。

第八章　崑崙村的理想國

俗話說：「三個臭皮匠勝過一個諸葛亮。」

在尋找創業的過程中，吳聰其只有與熟悉的朋友，共同商討。但周遭都是一些貧苦的農家子弟，在毫無恆產的環境下，雖有理想卻缺少資金，談到創業也眞是萬事起頭難。每次談到資本額都會有創業維艱的感傷，心裡常會自我埋怨命運的坎坷，一次次的感傷之後，並沒有絕望，當時他有兩個知己朋友，一位叫顏再添，一位叫施獻堂，有時間就聚集在一起聊天，談彼此的理想。

大家都想創一番事業，於是常常一起討論；俗話說：「三個臭皮匠勝過一個諸葛亮。」好朋友在一起就共同一起織夢，有時未免像畫餅充飢，但夢想也是一種動力，最後他們有一個共同的想法，只要有志氣，任何事情都是「能源在我心，能源在我身。」常存著希望總有一天就會實現的，有句話說：「有夢上美，希望相隨。」這是他們確信的。

顏再添家住在「崙仔腳」也就是「崑崙村」；這個村包括了崙仔腳、下崙仔腳、松仔腳，此一地帶靠北邊，以前有許多沙崙，而西北方丘陵起伏，而先民就在沙崙下聚集成村落，戰後因沙崙多被稱「崑崙山」，村名也就命爲「崑崙村」，這該是這個村莊村名的由來。

住在崑崙村一號的顏再添，家中有一些舊房子閒置著，

於是三個人就商量借用顏再添的這些舊房子。在這個地方，共同開創了一個小型的加工廠，工廠的商號經過討論後，命名為「協隆五金加工廠」，也就是意味著說：「三個人若能同心協力，共同奮鬥，生意絕對會興昌隆盛。」找到了地點後就去購買機械，只是當年這個地方缺少電力設施，只好買了一台較大的手動沖床，還有三台較小的手動沖床，設備購置齊全後，選定良時吉日開工，工廠正式開始要運作了。

顏再添本身精於各種機械，算是操作車床的技師，若有沖床的種種問題，這屬於專門的技術，就交給他負責處理。另外，施獻堂負責工廠中的管理，包括材料的選定、品質的管制、進出貨的管理。而吳聰其就負責採購及銷售業務，工廠中需要買任何東西、或出差去招攬生意都是他的業務。

剛開始生產「腳踏車線鐘」，平常大家都在工廠做工，然後每個人負責自己職責中的事務，以及該做的事情，分頭去進行，各種事務都配合得天衣無縫，彼此合作得相當愉快，展開共同的理想追逐，工作有了分工後，每一個人本著「八仙過海，隨人變通。」去完成自己的任務。

「協隆五金加工廠」，每個月約可生產一百打的腳踏車線鐘，共一千二百個，當時每一個線鐘可賣五元，約可賣六千元。剛開始生產時，對市場還沒有十分把握，所以先把產品賣給了中盤商，由中盤商賣給各商行，經過一年後，吳聰其開始到各地做直銷，賣給各大賣店，展開他「出張」生活。

那個時候出差都必須乘坐公共汽車，所以行銷範圍只能在中部地區，北邊賣到豐原，南邊賣到員林。每次出差時身上帶一些鈴仔子（零件），重量約二、三十公斤，這種小東

西，價格少又零碎，若用郵寄不太方便，一般買方都會付現金，銀貨兩訖，又可給顧客方便，也算是一種額外的服務，那個時候吳聰其總是認為，做生意就必須以顧客為上，隨時隨地為顧客著想，賣方必須本著服務的態度去處理各種事情，直到顧客滿意為止，台灣有句俗話說：「中主人意，便是好工夫。」也是為人處事的技巧吧！

當時的公共汽車，每班車的間隔約要一個小時，吳聰其對於腳踏車商行，不曾有過生意的接觸，也不了解每一個店家的情況，只好找來了一本《台灣省腳踏車公會通訊名錄》做為尋找目標的參考。名冊中有住址、電話以及理監事、各縣市理事長名單，吳聰其心裏想著，在地方上擔任社團理事長的人，大部分人都是德高望重，會有犧牲奉獻的精神，就先從理事長或理監事的店開始，因此抵達了一個地方後，按住址尋問，本著「路佇啄仔」的原則，找到了店家。

做生意真的是「一回生，兩回熟」，經過了不斷的拜訪後，陌生的店家老板，也開始陸陸續續的訂貨了，吳聰其做生意，真是「對死裏，拼倒轉來。」每天馬不停蹄的衝著，彼此的陌生漸漸少了，經過了來往後，許多顧客變成了好朋友，生意的來往就更順暢了。

當時每一間腳踏車商行，所訂數目約在五至十打，而吳聰其約一個月就去做一次生意。因此他出差約分成南、北兩條路線，輪流進行拜訪，由近而遠，當有店家訂貨後，他就寫明信片回工廠，工廠就馬上寄貨，以免延誤商家。

在當時每到一個地區後，吳聰其總是會向腳踏車同業，尋問別家車店的營業情況，以便做為招攬生意的參考，後來

他發現同一都會的腳踏車同業，往往提供不正確的資訊，或許是同行之間有生意的競爭，談到對方總是有所保留，可能是大家為了保護自己；於是後來他就在隔壁鄉鎮尋問，雖然不是鄰近的商家，卻更能正確的掌握正確訊息。

每當他到達一個城鎮後，從一個商行到另外一個商行時，都用步行的，他沒有坐三輪車的習慣，後來他跟這些腳踏車商行有了交情後，就借他們的腳踏車做為代步的工具，到晚間再將腳踏車牽回去，交還給他們再駐進旅社。

在南部住旅社，每天晚上租一個房間約八至十元，沒有冷氣設備，也沒有電風扇，若要用電風必須繳交租金五元，吳聰其捨不得花費五元的租金，只好用扇子來驅除悶熱，吳聰其想著一個人出差，一定要省吃儉用，尤其是報領出差費的人更要節制，不能浪費公司資源，這是他做為一個外務員的原則，因此，他每次吃飯因飯量大，偶爾多吃了，或招待客人時多花費了，他也不好意思全部報帳，自己還拿出私人的錢來補貼，他不像一些外務員，有浮報經費的現象。

他總是認為：「貪字貧字殼。」這句話的意思是說：「一個人假如到處想佔便宜，貪圖一些不義之財，到最後總是會遭受貧窮的報應。」佛家警告人說：「貪、嗔、癡」人生中的三毒，「貪」列入首位，人必須遠離貪，才能遠離這種毒害，遠離痛苦，貪是一種無窮盡的慾望。

人絕對不能有太多的慾望，過分去追求慾望，常會墜入痛苦的深淵而不能自拔，老子云：「我無欲而民自樸」《道德經無比》；孔子曾讚美門徒顏回說：「一簞食，一瓢飲，在陋巷，人不堪其憂，回也不改其樂。」《論語雍也》的生活是

一種知足常樂表現，沒有太多慾望才能夠達到的境界。

當年出差做生意的吳聰其，克勤克儉的節省經費，早上吃一杯杏仁茶或喝一杯米奶，中午就不吃飯了，因為中午是談生意的好時段，為了不影響店家的工作，利用中午休息時間，讓店家來補貨，給店家方便，因此在這個時候工作比吃飯重要。

直到晚上再吃晚餐，而用晚餐時往往必須陪顧客上酒樓，小喝兩杯，這是當時的應酬方式，吳聰其當然也不能免俗，與顧客上酒樓去喝酒，是為了與顧客攀交情，多做一點生意，當然應酬有時是為了交朋友，生意人常是「醉翁之意不在酒」，為了討顧客歡心，做起生意也比較容易，當顧客成為朋友後，在事業上就可相互扶持，互通有無彼此照顧。

除了出差外，吳聰其仍然必須操作機器，早上從同安村出發，到崙仔腳的工廠上班，就開始操作手動沖床，因用人力操作必須費很大的力氣，到了中午已經飢腸轆轆，因此飯量驚人，吳聰其常是用一個鐵飯盒，帶一些米到工廠去，白米攪拌一些鹽、油，運用火爐炊飯，煮起來的飯約有兩斤重，不需要佐菜就能吃得津津有味，一餐就把它吃光，飯量的確有點驚人，吳聰其是一個會做又會吃的人，只因為做粗重的工作，需要補充體力，他不像一些「食飯用碗公，做工課閃西風」好吃懶做的人，他相信「會吃就會做」的道理。

有時候吳聰其必須用腳踏車載半成品，到鹿港龍山寺對面，一位叫陳敏川先生的工廠去加工做電鍍，冬天時東北季節強勁，費盡全身的力氣與強而冷的風較勁。有一次載到鹿港後，再回到同安村已是晚上了，冷颼颼的晚風吹著，真是

・089・崙崙村的理想國・

感到飢寒交迫，鄉下又沒有人賣吃的東西，只好在店仔頭買了兩把麵線，回到家就自己下廚，把麵線放下鍋去水煮，煮熟後攪拌花生油來充飢，兩把麵線煮起來的份量很多，但「枵飢失頓」的吳聰其，最後也把麵線吃得精光了。

在崙仔腳上班的日子，就在做工、出差中過去了，兩年從做零件到做摩托車的座椅，工人由十人增加到三十人，但這些工人大部分是童工，到工廠的主要工作是包裝，而三位共同合夥的人，為了共同的理想合作得相當愉快。

這個時候，吳聰其因已到了兵役的年齡，要去當兵，他請同夥繼續做下去，然而兩位同夥人，都感到沒有辦法出差，沒有人能去跑業務，是一件傷腦筋的事。只會生產不會銷售，工廠的運作可能會出問題了，吳聰其答應從旁協助公司，最後還是繼續奮鬥下去，「協隆五金加工廠」是吳聰其等三人打造出來的理想國，吳聰其為了服役，退出了「協隆五金加工廠」，共創的事業只好長久留存在記憶中了，共同努力的這一段情也銘記在心。

本來通知要去服役了，凡事都未雨綢繆的吳聰其，「協隆五金加工廠」的事務也已經處理完畢，專心等待去當兵，日子過了一段時間後，當時的國民政府卻臨時通知，十九年次出生的役男，因年齡已較大了，不必入伍了。這一道命令使吳聰其一生中，沒有機會經過軍旅的生活，不曾有過軍人生活的體驗。另外，合夥經營的「協隆五金加工廠」股東，自己已經退出了，於是事業心很重的吳聰其，又開始構想自己開創事業的事情了。

第九章　全興工業的春天

台諺：「允人卡慘欠人。」

台諺：「時也、命也、運也。」

吳聰其已回到同安村準備好當兵的事宜了。

在政府公佈十九年次出生的役男，不用入伍，此時吳聰其已經二十六歲了，又已離開「協隆五金加工廠」，總不能賦閒在家裡，於是就想到在同安村的舊房舍中，重新開始生產機車座墊的事業。

這算是重操舊業，各方面之事都已經做過，工作都沒什麼問題，只是換個地點而已，這個時候除了生產機車座墊外，還兼賣「協隆五金公司」所生產的物品。在同安村的日子，工廠爲「全興五金皮件行」，主要產品是機車座墊，純粹是一種家庭式的五金加工廠。

經過一段時間後，爲了交通的方便，工廠搬入彰化市的古亭巷，約過了三、四年後，爲了業務之需要，遷到中正路旁，最後再搬到中山路，正式以二十萬的資本額，將公司登記爲「全興工業股份有限公司」，開展出全興工業的春天。

公司設在彰化古亭巷之時，認識了三陽公司的張國安先生，當時張國安正在擴大三陽公司的業務。張國安與日本本田公司簽定第一期技術合作，生產機車。當初，三陽與本田簽約生產50cc（cub）與150cc（benly）兩種機車，每個月一

千部。機車工業與汽車工業，都需要許多材料與零件，因此必須找尋協力廠商，張國安到彰化來，發現工作認眞且擁有忠厚信譽，又曾做過腳踏車座墊生產經驗的吳聰其夫婦，於是吳聰其正式允諾生產座墊給三陽公司，與三陽做起了生意。

做事情一向認眞的吳聰其，生產任何產品，都主張品質第一，品質該是一家公司的性命。因此盡量不製造不良好的產品，所以非常注重生產流程，在生產過程中發現不良的產品，一定不讓它出廠，非常注重品質管制，以建立自己的品牌信用，因爲信用就是公司的資本。

其實腳踏車座墊與機車座墊，製作的技術相差很大，其中泡綿的製造，沒有材料，又沒有經驗，甚至於沒有辦法估價的情況下，傷透了腦筋。從小就有「允人卡慘欠人」重承諾個性的吳聰其，好不容易在嘉義找到一家製造商，在試作費用由全興支付的條件下，才開始嘗試製作，最後做出來的結果還差強人意，最後到了三陽公司已經認可的時候，這家製造商自認沒有面子，而放棄製作了。吳聰其只好再到處去尋找，最後又在台中找到一家願意生產的廠商，不過這家公司沒有錢進材料，材料費由全興先付款給材料商，才開始生產機車座墊。

正式生產機車座墊的全興公司眞是好事多磨，找到了一位技術優良的廠商，老闆又爲人做保，公司又被拖累了，以致無法再生產。在這種情況下，心想靠人不如靠己，吳聰其決定這項座墊的關鍵零件，必須自行生產、研發，這才解決了問題。

吳聰其為人都心存仁厚，與人廣結善緣，常常在別人發生困難時，適時伸出援手，這是令人動容的地方，這種不與人計較的情操，常常帶給他許多助益。比如：早期座墊的泡綿不是一體成形，而是一片片黏合而成，品質不良而破洞時，常因水浸入而脫落。

當時三陽公司的座墊由兩家廠商交貨，其中一家品質差，經銷商也不能分辨出那家製造的，又知名度低。因此都找全興，而吳聰其也二話不說的換貨給廠商，那種魚目混珠的商家，給全興製造了許多麻煩，又破壞全興的信譽，吳聰其抱著「有容乃大」的胸襟去接納，同時也想盡辦法去改革研究，終於研發出一體成形的泡綿，徹底解決了問題，這種因禍得福是來自於不與人家計較，到處寬容別人的善報吧！

剛在生產座墊時，還沒有高週波的設備，一般都用縫紉車車座墊。針孔縫遇到下雨，水就入侵墊內，只好用膠去塗縫，或將縫弄在旁邊，不要接在上面，想盡辦法防止水的進入。在天氣熱時，機車皮套常會冷縮、熱脹，常會裂開，有時候受到外力衝擊，座墊也會彎曲。

因此，吳聰其在路上，或看到自己出產的產品時，都會主動去關心，發現自己的座墊壞了，他會遞給顧客一張名片，要他把座墊寄回公司，免費做售後的服務，最主要的目的是保持公司產品的形象，另一方面把這些損壞的座墊，仔細的研究，究竟為什麼會凹下或變型，以便做為改進之參考。

機車座墊主要有三個部分，其一是合綿，是透過化工原料發泡成型；另一部分是鐵件，還有皮件（牛皮、人造皮、

絨布皮），還有各種零件。當然在做的過程，必須考慮做出後的柔軟度是否良好，坐起來是不是舒適，有沒有安全上的問題，有沒有符合人體工學，這些問題都是吳聰其常常在思考的事情。

生意上的競爭，除了品質比別人好，服務比別人佳，必須要能準時交貨，不延誤到別人的工作進行。要做到品質比別人好，又要成本不高，才會有利潤，要成本低必須要在管理上下功夫。

生產者必須知道，成本比別人高，可能有一些基本的原因。在製造過程中，太過浪費材料，或做出許多不良之產品。另外，產品可能供過於求，太多產品儲存在倉庫中，不僅浪費資金，還必須花儲存倉庫的租金，無形中浪費了許多資金。運輸成本必須注意，距離與時間愈長，運輸的錢花得愈多，所以縮短加工的時間與運輸的距離，也是考慮的重點。

因此，在生產機車座椅時，從彰化要送貨到台北的三陽公司，必須用卡車運送，這段路程必須花費十個小時以上，往返之間費時又多運費，套句俗語說：「媒人錢卡濟聘金禮。」精打細算的吳聰其，就在內湖地區租一個存貨倉庫，把公司生產要交北部地區的貨，先送達倉庫，然後只派一、二個人，負責交貨，就不需要常常在公路上趕著送貨，同時也給三陽公司方便，臨時需要補貨都很方便，做生意應客人的方便是全興公司立下的原則。

把貨送到三陽公司時，對方公司需要派人檢驗貨色，浪費很多時間與人力，於是吳聰其認為自己的貨物，品質管制

已經做得很仔細了，再浪費在檢驗物品有一點勞民傷財，於是跟三陽公司交涉，希望貨色免檢查，以後若發現貨有任何瑕疵，都可退回，這種「直納品」的交貨方式，建立起全興公司金字招牌的信譽，在相互信用的交貨上，省了許多的手續費用，給三陽公司節省許多人力，也降低了貨物的成本。

當全興公司與三陽有生意來往時，約在民國五○年左右，那時候台灣的國民年所得已達美金一四二元，即新台幣五六六六元，政府經濟發展計劃已進入第三期，當時機車的需要量一直在增多，但工業化的腳步還未跟上市場的需求。政府大力鼓勵工業投資，提高國內自製能力，以便節省外匯。這時的三陽電機，正好改組為三陽工業股份有限公司，與本田公司技術合作，因此，全興公司做為三陽公司的協力廠商，不管是技術與產業都在同步成長，這時的吳聰其已漸漸邁向大公司的董事長了，這或許也是我們台灣人所說：「時也、命也、運也」各方面的相互配合吧！

當然從小吳董事長聰其先生，就是一個做生意的材料，小時候從事各種小生意的工作，見過許多世面，當然也接觸過許多人，加上出身於貧苦環境中，特別的努力，做事特別賣力，人家花一小時，他可能要用兩小時，他總認為「勤能補拙」的道理。從小就失學，因此做起事情都特別費心，他常舉一個小時候的工作經驗來自勉勉人。

小時候為了照顧弟妹，沒有錢去唸書，八歲就到甘蔗園去為人除草，當時因年齡小、個子小，老板給別人二角到兩角五分工資，而只給他一角八分錢。低薪的日子過了沒有多久，就因為他的工作態度，得到老板的賞識，其理由是：雖

然拔草的速度比別人慢，但別人午休，他都在工作，犧牲午休時間來彌補進度；他強調工作落實，品質第一，他不希望以「水濁草就無」的草率態度工作，別人為了趕速度，拔草只拔地面上的莖葉，而他拔草都連根拔起，他相信「除草不拔根，春風吹又生」的道理。他的連根拔除，見不到再長出的雜草，而那些很快拔完的地方，沒有幾天後，大地又是一片綠意盎然了。

小小年紀就有這種紮實的工作態度，這種不與一般人一樣的拔草態度，令老闆大為敬佩，同時也打下工作不馬虎的好名聲。養成好習慣之後，做每一件事都本著這種態度，當然就贏得好信譽。

到了經營公司的時候，小時候養成的好習慣，讓他成為工人的好典範，人家常說：「身教重於言教。」在公司的行事風格，頗受到員工的尊重，常是員工學習的對象。他的刻苦耐勞，是現代人所不能及的，我們必須向這種腳踏實地的前輩看起。我們如果仔細去考察，現在一般的青少年，做事混水摸魚，不負責任，我們的社會真是失去太多的純樸了，值得大家共同來深思與改進。

全興公司在吳董事長的領導下，以協力團結為號召，以滿足顧客為目標，為了公司的發展，以及未來的永續經營，時時刻刻在培育人才，邁向一個有信譽、有潛力的未來。

第十章　知人善用的吳董事長

俗話說：「萬丈高樓平地起。」

台諺說：「未食看飯斗，食飽看海口。」

全興工業股份有限公司，創業資本額由二十萬開始，在因應環境的變遷，不斷的進行經營的革新，秉承腳踏實地的樸實精神，在穩定中追求成長，以滿足顧客的需求為導向，盡量提供給顧客各種服務，全力追求技術的創新，經過約五十年的奮鬥，到現在已創立了二十多家的關係企業，在企業界受到了肯定與讚賞，成功的原因之一，是吳董事長惜才、愛才，並能知人善用，充分授權給公司的職員，使其能發揮其專業潛能，促成公司的發展，使公司的員工能有「一日為全興人，終身為全興人」的信念，而這種精神的養成，是受到吳董事長為人處事的精神所感召。

民國三十八年出生於彰化，畢業於彰化高工電工科的陳文鈴先生，在一個聯誼活動中，認識了吳董事長，經過一段時間，吳董事長邀請陳文鈴到全興公司服務。剛進公司那天，吳董事長向陳文鈴說：「文鈴：你的工作經歷豐富，但公司沒有主管職務給你做，真是抱歉。」

那時的陳文鈴說了一句話：「報告董事長：我進全興公司，希望就像能來此蓋大樓，所以必須從地基做起。」意思是說來此公司，有很強烈的抱負心，所以必須從基層做起。

俗話說：「萬丈高樓平地起。」該是這一個道理。

從民國六十二年進入全興公司，到民國六十九年，陳文鈴離開全興公司，自己出去創業，創立了「鑫義興鐵材公司」。在全興公司服務七年的這段期間，陳文鈴做過課員、採購課長、總務課長、資材部主管……等職務，離開公司後陳文鈴又當了「全興公司協力廠商聯誼會會長」五年之久，公司有任何重要活動，或董事長家中的重要婚喪喜慶，陳文鈴都會回去參與各種籌劃工作，受到吳董事長的倚重與信任。

陳文鈴在全興公司服務的那段日子，眼看吳董事長為公司的大小事情費盡心思，工作時間往往比員工還長，夜以繼日在進行著各種計畫，不眠不休的工作，於是他受到吳董事長的精神感召，也全心全力的投入公司的各種業務，希望能為董事長分擔一些辛勞，盡全興公司一份子的心力。

在民國六〇年，這段期間中，公司職員做事有拼命三郎精神的人，傳說有陳文鈴、楊基宏、黃進發、吳岳堂等人，被當時業界稱為「全興四大天王」，這些人幾乎都把全興公司當成自己的家，追隨著董事長的左右，眼看吳董事長對產品研發精神，那種追求完美的精神是令人望塵莫及的。

在陳文鈴的記憶裏：約在民國六十年左右，南亞塑膠在做塑膠布時，許多製作的技巧都是吳董事長的想法，請南亞塑膠製作而研發成功的；比如運用一層塑膠壓上一層平織布的過程，經過了各種布料的試驗，到最後運用了汗衣布，才研發出南亞的塑膠布。還有在製造南亞塑膠皮時，南亞還沒有強度試驗機與引張剝離試驗等設備，必須依賴全興公司，由全興公司設計好圖樣，提供給南亞公司製造。

彰化學

　　吳董事長提供技術給南亞，主要希望能有好的原料，全興才能製造出好的座墊，他都以宏觀的視野去與廠商合作，永遠不去計較名與利，只要事情能成功，完成產品品質的改善，多大的犧牲他也願意的。每一次的犧牲，最後都得到成功的效果，幫製作的廠商完成了新產品，自己公司也有好的材料用，真如台諺說：「一孔掠雙隻。」與其合作的最後，都是雙贏的局面。

　　吳董事長是一位具有人情味的事業家，每年都會去向顧客拜年，有一年到台北去拜訪三陽公司的張國安董事長，經過寒喧之後，張國安先生說起新的年度，物價可能會漲，並問吳董事長：「如果物價高漲，你對產品的價格有什麼對策？」

　　「你放心，我們明年度產品是不會漲價的。」吳董事長胸有成竹的說著。

　　「你不漲價能生存嗎？」張國安誠懇的問著。

　　吳董事長說：「你對我們公司的幫忙那麼多，費很多心血，使我們得到了一些利潤，明年如物價上漲，我也不會對你漲價的。」

　　「那你計畫如何來對應？」張董事長好奇的問。

　　「我會從公司的管理上來加強，減少一些浪費，來降低產品成本。」吳董事長真誠的說著。就因為這一句話，往後與張國安先生的感情更加接近了，同時那年賣給三陽公司的產品，也沒有漲價，公司也因為做了一些改善後，成本降低了，日後張董事長相當支持全興公司，成為吳董事長事業上的好夥伴。這也印證了「吃虧就是佔便宜」的說法了，這也

是吳董事長因誠信而成功的地方。

在每年的新春後，公司將要開工的日子，吳董事長總會安排宴請公司的幹部喝春酒，一方面表示就要開工了，有煩各位幹部多費精神。另外，可能是藉著宴會多了解各個幹部的個性，以便做幹部適才適用的參考。

吳董事長沒有進入學院，修習人事管理的課程，他了解員工是靠長久的觀察與接觸。除了從工作的表現上去了解外，在宴會上也能知道員工的個性，或在為人處世的細節上，也能看出員工的心性。

一般在酒宴中，有句話說：「酒後吐真語。」當酒下肚，喝到有一點醺醺然，有的人就會將平常積鬱在心的悶氣，傾吐而出。酒有時會使人原形畢露，但有一些人喝了酒之後，就守口如瓶，呈現出老神在在的態度，也有的人喝下酒就豪放不羈，從這些酒品中，吳董事長也觀察出人的各種特性，揣摩出用人的方法。吳董事長，喜歡規規矩矩而腳踏實地的人，不喜歡只說不做或好大喜功的員工，那些「未食看飯斗，食飽看海口」的人，也是他不喜歡的人。

陳文鈴是一位奉公守法的人，在他的工作崗位上，不貪不取而潔身自愛，那時他做採購的業務，外面的廠商逢年過節都會送禮給陳文鈴，每一件禮物他都拿到公司，由公司在年終時當做摸彩禮品，來轉送給員工。

吳董事長很賞識陳文鈴，後來吳董事長夫人，更為他找尋一位賢淑的女孩，嫁給了陳文鈴，這樣的一位年輕人，頗受吳董事長的倚重，將陳文鈴當成自己的孩子看待，有時候心靈有一些不如意，也會向陳文鈴傾訴，陳文鈴是一位多才

多藝的年輕人，有空的時間就閱讀各種書籍，並喜歡書法與水墨畫，有人以這樣的對聯讚揚陳文鈴說「文成得句才思盛，鈴響達生道德尊。」這樣的一位員工，卻因爲自己的事業心重，想自己出去創業，當他向吳董事長提出離職時，令吳董事長感到錯愕與茫然。

陳文鈴的辭呈，壓在董事長辦公室三個月的時間，吳董事長想盡各種辦法要留下陳文鈴，但當時的陳文鈴與朋友合夥的事業，已經開始在進行了，俗話說：「頭洗落去頭毛無剃袂用也。」兩個人在辦公室，談到都落淚了。事後陳文鈴感到虧欠吳董事長，實在不應該好高鶩遠去創業，應該好好的追隨吳董事長，只是當時已與朋友說定了，事業並已開始進行了。

矛盾的心理使陳文鈴掙扎著，最後在不得已的情況下，還是必須離開。眼看陳文鈴的辭意已定了，吳董事長除了惋惜之外，並沒有生氣，只是傷心落淚反而問陳文鈴是否需要資金，他可以幫忙。在一種愛護部屬的心情下，誠心誠意要幫助一位曾經爲公司效力過的員工，當時的陳文鈴激動著嚎啕大哭說：「感謝董事長的栽培與照顧。文鈴將永遠記住你的溫情。」陳文鈴含著淚水離開了公司，心中充滿著虧欠董事長一份溫情的感懷，常在午夜夢迴時暗自飲泣著。

經過了一段日子之後，吳董事長派人去找陳文鈴。

當陳文鈴到達董事長室時，吳董事長開了一張面額壹百貳拾萬的支票，遞給了陳文鈴說：「我要訂一批鋼筋鐵材。」

陳文鈴踟躕了一下說：「我們公司現在沒有新蓋工廠，買鋼筋做什麼？」

　　吳董事長說：「我在八卦山上的住家，正要開始興建了，當然需要鋼筋。」陳文鈴沒有理由不收這張支票，他知道吳董事長要幫忙他，這是多麼令人敬佩的長輩。這一批貨給陳文鈴的公司，帶來了很大的助益，也使陳文鈴終身感激吳董事長。

　　陳文鈴雖然離開公司了，但全興公司許多重大的事情，都邀請他回去參與討論。大約在民國八十年吳董事長的父親吳路漢逝世了，公司主要幹部馬上成立一個治喪委員會，商討辦理治喪的各種事宜，治喪委員會在請吳董事長做指示時，吳董事長說：「治喪委員會還缺一人。」與會的人都說：「主要幹部都已經列上了。」後來才知道吳董事長指的是陳文鈴，於是公司的人通知陳文鈴來參與討論各種治喪事宜。

　　這次的治喪工作，陳文鈴與楊基宏兩位，分配處理搭建告別式會場事宜。

　　在同安村這個村落中，很少有如此大的告別式場面，式場面寬有六十九尺，中間放置約五尺寬的紅地毯，一般的式場都用帆布做屋頂，但這個式場用鐵皮蓋上，周圍的柱子插滿鮮花，加上一些輓聯等，場面看起來肅穆哀榮。

　　他們兩位為了張羅這一場告別式式場，費盡了心思，只希望能盡善盡美的完成任務，老天終於成全了他們，沒有任何的差錯，受到吳董事長許多親友的肯定，辦好了這一場喪禮。這一切的努力，都是受到吳董事長做事嚴謹的感召。

　　到目前為止，陳文鈴還是懷念著在全興工作的歲月，常常想起與吳董事長共事的那段日子，心靈中常浮現吳董事長，微笑的對他說：「有什麼困難需要我幫忙嗎？」

第十一章　品質是不二價的商品

　　至興公司「以滿懷的信心、耐心、用心，做爲快樂的至
興人；秉持著誠意、滿意，來服務顧客。」全興方向盤公司
「全體合作，興趣濃厚。方法正確，向前邁進。盤算品質，勇
奪磐石。」

　　在伸港鄉全興工業區內的「至興精機股份有限公司」，是
全興關係企業之中的耀眼明珠，以生產世界一流品質的汽、
機車零件爲職志，致力於提高機械技術的層次、培養專業的
高級人才，而一向以擁有「從無至有」的獨立研發爲傲，由
座椅後傾器至碟式煞車盤，提供最佳的設計、品管、製造流
程，贏得顧客讚賞的口碑。

　　這家公司創立於一九八八年，主要的產品有座椅後傾
器、精密沖壓產品、模具、碟式煞車盤等。產品的主要顧客
有三陽工業、友聯車材、光陽工業、羽田機械、全宏齒輪、
全興工業、昂記科技、法國PEUGEOT、MTC、AUTOLIV
……等公司。

　　負責這家公司營運的總經理施議淦先生，是民國四十五
年生於埔鹽的鄉下人，先後畢業於彰化高工與亞東工專。在
民國六十八年進入全興公司服務，從基層的技術人員做起，
因工作認眞受到吳董事長的信任與賞識，升任組長、課長、
副經理到總經理。完全沒有一般人所說的人事背景，只靠其

精益求精，不眠不休的精神，來掌理「至興精機公司」。

進入至興公司的辦公室，在牆上有一句醒目的標語「事情一次就做好，內外顧客皆滿意。」據說這句話是吳董事長的做事精神。這句標語下方有一段策略說明「不論任何事情或作業，第一次就正確而合乎標準之要求。下游工程或部門，就是我們內部的顧客。提供內外顧客都能滿意的品質服務。」這些策略也是工作的目標。

當我跟施總經理談到公司的經營狀況時，精明能幹的施總經理說：「永續經營是我們的經營策略，服務人群是我們的至上目標。當今社會經濟自由化、國際化的政策引領下，汽車業面臨前所未有的衝擊。而在大量的消費與需求下，國際市場在各地積極的尋求資本、技術密集的跨國企業，以降低成本、爭取更寬闊的經營空間。至興精機在產品設計以『精益求精』的務實態度；『領先創新』的企業精神，創造出世界一流的品質來達到『服務人群』的經營目標，爲社會大眾謀求更貼心的服務與更舒適的生活品質。」

公司的經營理念是「以滿懷的信心、耐心、用心，做爲快樂的至興人；秉持著誠意、滿意，來服務顧客。」其經營的使命是強調「沖」的專業，「停」的精準，以智慧、技術的結晶，帶給人類永不停止的轉動。

俗話說：「工欲善其事，必先利其器。」要生產好的產品，當然要有精密的機器，至興精機公司，採用瑞士精密下料沖床，配合自行研發之高精密度模具，與各種精密的儀器。在工程的進行中，注意監控品質，在每一個精密下料產品的生產過程中，品質的管制已在材料、模具、沖床、潤滑

的四大要素中嚴格要求。因此生產出了高品質汽、機車零件，贏得了汽、機車界一致的好評。

在任何業界談到競爭，不外乎品質與價格。吳董事長常告訴公司的員工，我們必須用最低的成本，做出最好品質的產品。每一個顧客都希望用低的價格，買到好品質的物品。因此，要減少成本，就需要不做瑕疵品；做出瑕疵品，不但損失材料、時間、成本、信用，也會失去顧客，沒有一個顧客願意買不良品質的產品。因此，公司要儘量想辦法，降低製造的成本，提昇產品品質。

科技的產品是爲了給人類帶來生活上的方便與舒適，因此產品的設計必須符合人性的需求。比如，汽車座椅的設計，必須符合人體工學，做出來的椅子，坐起來才會舒服與健康，因此至興公司提出「以人性設計出發，融入品質精髓」的人文觀念，爲客戶的商品價值設想，提昇產業形象。

爲了瞭解至興精機的作業情形，施總經理陪我邊看邊說明，不管是機械的性能或作業的流程，讀工科出身的施總經理瞭若指掌。當我問起他與吳董事長，在公司營運上如何溝通？又如何來貫徹董事長的經營理念？

施總經理說：「吳董事長一向尊重各公司經營者理念，董事長只是做一些政策性的提示，全都信任經營者的策略。有時我們有新產品的開發，或對生產線上技術的改革，只要我們提出口頭的報告，吳董事長概略的評估後，立刻可以進行。

有時候他發現工廠生產流程不佳，也會提出意見要我們研究改進，他把公司的員工都當成自家的人，給予最大的方

便。」又說：「董事長給經營者很大的權力，經營者通常會盡心盡力的經營，想盡辦法達到成功的目標。」

「吳董事長非常信任員工，做人沒有老闆的架子，對員工的福利以績效做考量的依據，公司利潤多員工福利越大，董事長以有福同享來勉勵員工。因此，每一個員工都會盡心盡力的為公司奉獻，公司愈賺錢，員工的福利越多。」

當我問施總經理說：「你與吳董事長相處了二十幾年中，除了公司的經營事務外，在私人關係上，有沒有比較特別的記憶？」在談話的過程中，我總希望任何事情都能追根究底。

施總經理沉思了片刻後說：「當年我由施清淡先生處，得到公司徵才的消息，來參加應徵，錄取後進入公司服務。在全興公司服務的歲月中，我發現吳董事長，做任何事情都先為別人著想，尤其一些年輕人若經濟情況不佳，他都會想辦法去幫忙他們。約在八年前，我的鼻子出問題，常常會流出一些血絲，有人說這是鼻咽癌的徵兆，吳董事長知道了這種情況，親自開著他的車，載著我到醫院去檢查，為我找最好的醫生。遇到有人說那一種中藥，可以治這種病，他都會為我買回來，要我服用。那種照顧員工的心情，就如同照顧自己的孩子，是完全不求回報的，真令我感動的。」

在我的採訪過程中，外面的電話一直進來，好幾次打斷我與施總經理的交談，我不好意思打擾太久，正準備要告辭了，接完電話的施總經理說：「啊！對。吳董事長的人是很念舊的。對老朋友是很有情份的。就連對自己生產的產品，也是一樣堅持保留傳統的，就像本公司七十七年時創業，所

做的齒輪是本公司創業的基礎。過去我們公司是以做各種齒輪而聞名各大汽、機車公司。這種齒輪是交通工具的大動脈，是相當重要了。像這種創業時所做的產品，吳董事長無論如何，都要繼續做下去，他說：『因為這是我們企業的根』，他做任何事情，都抱著感恩的心情，這是最值得現代人學習的。」

走出至興精機公司，來到同是位於全興工業區內的「全興方向盤股份有限公司」，這家公司也是全興的關係企業。創立於一九八六年，主要產品 PU、PP、PVC方向盤、汽車排檔桿頭、眞皮方向盤、木質方向盤、木排檔桿頭等。其主要顧客有大慶汽車、三陽工業、三富汽車、太子汽車、中華汽車、羽田機械、國產汽車、裕隆汽車、福特六和、慶眾汽車等。

在此公司擔任總經理的是民國二十六年出生於員林的邱金滄先生。邱先生於民國四十四年至四十七年就讀彰化高工，畢業後考入台北工專，最後畢業於成功大學機械系。民國六十九年七月進入全興公司，擔任技術部經理、副總經理等職務，民國七十五年此公司創立後，就來這家公司擔任總經理，現在全公司已有一百二十二名員工。

邱總經理可算是吳董事長事業上的好夥伴，全興關係企業的成功，邱總經理可說是一大功臣。當初邱金滄在三陽公司服務時，專門做品質管制的工作，因工作關係與吳董事長建立起深厚的友誼，後來邱金滄離開三陽公司，到羽田公司服務。

民國六十九年吳董事長因身體不適，住進了醫院。後來

吳董事長找邱金滄到公司來幫忙，邱金滄基於朋友的關係，就進入全興公司服務，協助吳董事長處理公司的事務，發展全興的各種關係企業。

一九八五年公司與日本ステアリング工業株式會社合作，生產方向盤，公司到伸港的全興工業區設立新廠，邱總經理就來此運籌帷幄，掌理公司的所有事務。邱總經理因敬佩吳董事長做事的認眞、做人的誠懇，既講信用人又客氣，容易跟人親近；又能尊重主事者，所以在全興公司二十多年，在吳董事長的領軍下做事，都會感到非常愉快，也很有成就感。

工作經驗豐富的邱總經理，做人做事也是以誠信爲原則：他認爲人要做有把握的事，能做的才能說。在他領軍的公司中他要照顧員工，而在全興關係企業裏，他要配合公司的發展。

因此，在共事的同仁裏，強調「惜緣」與「默契」，他說：「能在同一家公司做事是前世修來的緣，所以大家一定要有默契，彼此之間要相互關懷、互相幫助，同心協力公司才會有前途。」

邱金滄是一位善於規劃的經理人，學到吳董事長那種充分授權的待人之道，在他的領導下，公司的員工都有自己的工作態度，邱總經理要員工們自定工作規範，來做爲自己行事的參考。

經過同仁共同的集思廣益，把腦力激盪後的工作警語，貼在各個工作崗位上，做爲員工的座右銘：比如，葉淑汝小姐用「全興方向盤勇」這句話做爲第一個字，把公司的企業

精神寫出「全體合作，興趣濃厚。方法正確，向前邁進。盤算品質，勇奪磐石。」這樣的工作理想，使全興公司在一九九五年榮獲「第四屆國家磐石獎」，同年並榮獲亞太傑出華商企業商品金質獎。

公司員工有共同追求高品質的理念，每一個人將自己的做法寫出來，貼在醒目的地方來自勵勵人；許麗子說：「事前適當的品質規劃，勝過事後的不良改善。」因此他又認為「放棄提高工作品質，等於放棄以後的工作權利。」

林永忠也說：「品質是企業的生命，管理是生命的延續。」為了有好的品質，每一個部門的工作必須環環相扣。因此，林永忠又提出「只為成功找方法，不為失敗找理由。」的警語。

進入這家公司後，你會發現工作現場的井然有序，工作人員每個人都兢兢業業的埋頭苦幹，就如黃玉樹所說的：「熟悉要領勤學習，工作手法都牢記；全廠同心又協力，降低品質不良率。」又說：「最終檢查要仔細，流出不良前功棄。」像這樣注重品質的公司，在「品質處處用心下」，使「主管人人安心，客戶個個放心。」

有的員工解釋說：「品字：是『口口相傳』的口碑；質字：是『斤斤貝（錢）』算是利潤，唯有創造高品質，才能擁有好口碑，創造出高的利潤。」這樣的拆字解意，也有一番深刻的道理。難怪也會有人說：「品質是不二價的商品，一點也不打折扣。」因此在這樣注重品質的公司中，同仁們會常常提醒說：「留意是品質的武器，大意是品質的致命。」

談到對公司產品的品質問題，邱金滄總經理引以為傲的

說：「在我們的公司中，我們效法吳董事長的品質政策：「成本低」以最低的成本，來創造並適時提供滿足顧客需要的產品；「高品質」自我品質的確保，以達到零缺點的品質境界；「好習慣」不斷的提升品質意識，以提高產品競爭力；「持續改善」提升全面管理績效。

　　誠懇、忠厚、踏實是我拜訪邱金滄總經理後的深刻印象。當我問起景氣不佳的如今社會，公司方面是否有受影響？邱總經理說：「世界的經濟景氣不佳，我們還能保持正常的運作。同時我們又與日本人共同合作投資；並在一九九五年參加經濟部科技專案與中科院共同開發安全氣囊，這是一個三年計劃的合作專案，現在已經奠定了一些基礎；比如：氣囊蓋板與固定座製作技術、氣囊布縫製與測試技術、電腦數值模擬／分析經驗、氣囊模組品保險測技術、駕駛座充氣器組裝技術都已研發成功。並於一九九八年起繼續與中科院合作『非疊氮形氣體產生劑技術』專案……這些研究成果已經受到國內外的重視。同時我們又跟專門製造火藥的『齊魯公司』合作製作『氣體發生器』，把我們的企業推向國際化的開創。」聽了邱總經理這麼專業性的說明，真佩服他的研發精神，這樣一個求新求變的經理人才，該是吳董事長的事業好伙伴，難怪董事長能安心授權，給邱總經理無限發揮的空間。

　　一個企業集團能經營成功，必須有一個優良的制度；不管是人才的培訓、人事的考核與升遷，都必須設想周詳。我問起這個問題，邱總經理說：「我採用董事長的管理策略：我充分授權各部門，我的考核是參照綜合成果。而在員工的

訓練上，採外訓與內訓兩種；我們因業務需要，派遣員工去生產力中心、中衛中心、中小企業協會、工業策進會所舉辦的各種技術人員訓練。接受訓練回來的人員，就必須當為種子教師，回到工廠依各部門需要，舉辦在職訓練，傳授各種技術。有句話說『天下沒有白吃的午餐』或說『上山學道，下山行道』就是這個道理。我們公司注重研發，所以員工中有博士學位、碩士學位的人才，這些人也可幫忙在公司訓練一些優秀人才。」

　　走出「全興方向盤股份有限公司」已近中午了，陽光好耀眼，我仰首看到大門口守衛室上方，紅色的「全興」標緻，矗立在屋頂上，非常醒目的掛在藍天白雲下，守望著寬闊的灰白色廠房，與廠房外的綠色相映成一種美麗的風景。

第十二章　培養工業人才的全興公司

　　吳董事長説：「教育是爲了造就人才、培育人才，是一種百年樹人的工作。教育投資有時候是不能立即見效的。因此一個企業要有前程，也必須培養各種人才。」

　　吳董事長「這是一個資訊時代，因科技的突飛猛進，國與國之間的距離縮短了，全世界就像一個地球村，因此人就必須學習多種語言，才能獲得資訊與外國人溝通。」

　　一個企業要能蒸蒸日上的永續經營，必須要有好的領導人才、優良的工作環境、不斷的儲備、培訓人才，同時要考慮員工的福祉，制定好的福利制度，資方與勞工要有「福同享、禍同當」的共識。

　　吳董事長帶領全興員工，展現出自己誠懇待人、以身作則之外，全興的經營理念，本著十六字箴言：「培育人才、協力團結、滿足顧客、回饋社會」。

　　儲才、用才、留才是吳董事長成功的因素之一，不管是向社會公開尋才，或是全興公司自己培訓，公司要晉用人員，所有的新進人員訓練，吳董事長一定要親自面談、甚至於集中授課，所有新進公司的人員，都會安排一位同仁去關心、照顧其食、衣、住、行與其工作，使新進員工感受到工廠如家庭的溫暖，慢慢熟悉生活環境，進而適應其工作。

　　教育部於民國七十一年頒布「加強高級職業學校輪調式

建教合作（訓練）要點」，最主要的目的是培訓經濟建設所需之基層技術人才，有計劃的發展職業教育及推行職業訓練。以適應國家發展高級工業、精密工業、與技術密集工業的需要，當時吳董事長也正在思考，要如何提升工廠的技術人員技能，並儲備以後公司擴展所需要的人力資源。

當時的彰化地區，有一所歷史悠久工業學校，是創校於民國二十八年的彰化高工，被當時的彰化人稱為「東南亞最優秀的工業學校」，而這所工業學校，第一任校長吳鑑湖，第二任校長袁立錕。於民國六十九年由林克禮先生接任校長，在民國七十一年七月一日改隸為國立台灣教育學院，更名為「國立台灣教育學院附屬高級工業學校」，並開始辦理機工科輪調式建教合作班。

林克禮校長與吳聰其董事長，在工業教育與職業訓練的理念相同，於是民國七十三年起，開始辦理「建教合作班」以訓練工業人才。當時這種教育形式是實驗的階段。

七十三年與全興公司輪調式建教合作班，全興工業招收五十名學生。係採三個月在學校上課，三個月在生產工廠工作，在工廠工作時每月每人津貼五千七百元，每年還發冬、夏兩季制服，逢年過節還有公司的各種贈品，公司還為學生辦理勞保，每年還發年終獎金。

這種輪調式建教合作班，給貧困的學子一個很好的就學機會，吳董事長希望能使貧窮人家有求學的機會，能幫這些想向上的青年。在吳董事長的童年時代，要去工廠學任何技能，有時候必須繳交拜師費，可能須經「三年四個月」才能出師，吳董事長因貧窮，沒有去工廠學工夫，倒是他的「目

識巧」使他學了許多技能，因此，現在他有了能力來訓練青年人，希望盡量幫這些年輕人成長，使他們能學到一技之長。

到了民國七十七年，輪調式建教合作班，上課時間改為晚間，工廠上班時間改為白天，每天工作八小時。為了推廣這種教育理念，學校曾在報刊刊登廣告。

刊頭寫著：「國立教育學院附工、全興工業公司」採建教合作辦理延教班。內容則是「為使職業教育能與社會工作需求完全配合，並著重於專業技能之訓練。使學、用能合一，培養工廠之基層工業人才；國立教院附工與全國排名五百大內的全興工業公司，於七月起建教合作，辦理延教班機械修護科。國立教院附工就中部地區而言，其素質、師資、設備均屬一流，數十年來為中部地區工業界，培育了無數的優良技術人員及高級主管。該校校友歷年來於工業界之表現皆為個中翹楚，故使該校畢業生為各業界爭相延攬之對象。全興工業公司於全國企業排名五百大之列，其主要產品汽、機車座墊及汽車內裝部品等。擁有精密之電腦，最新之機器等生產設備。可提供多樣性、技術性之專業技術，並有完善之福利措施，學生就讀期間除學雜費由公司負擔外，每月月薪約萬元左右，既可自食其力，又可學一技之長，在學校與公司合作教育訓練之下，必能培養出學識技術均為一流之專業人才。」

當時這種延教班，均招收國中畢業生，每年招收五十名，採去全興公司登記方式，先到公司上班取得公司員工資格後，再由公司保送至國立教院附工免試就學，學習三年後

通過資格考試，即可取得高工畢業資格，上課方式比照一般夜校生。

　　廠方與學校訂立合作契約，在訓練期間內，除了在工廠學技能之外，學校會安排教學課程。訓練期間為三年，期滿經學科及技能測驗後，成績及格者由學校發給高級職業學校畢業證書。

　　這種輪調式建教合作，是透過工廠與學校雙方合作，將高職教育之理論教學與技能訓練，分別在學校與合作之工廠實施。學生在學校接受理論教學，在工廠學習技能，學校上課及工廠訓練期實施輪調，學生在工廠之工作崗位亦定期輪調，以便學習多元技能。

　　對於這些學生，吳董事長總是特別關心，學生的學習情形與生活起居，每次巡視工廠時，他都會問起學生的工作情況與課程問題：比如住宿、飲食情形、在工廠的學習問題、在學校的師生溝通問題，甚至於他會詢問對工廠給予的待遇是否合理、工廠的相關福利是否有享用？每年工廠給的兩套工作服是否夠用；還會在假日時要工廠為學生舉辦郊遊活動、運動會或康樂活動。

　　當時在彰化師院附工，承辦或教授建教合作班的老師有許敏惠、李瑞賢、莊錫欽……等人，據他們教這些與全興合作的延教班學生，或與全興公司的合作經驗都是愉快的，莊錫欽老師曾說：「全興公司很配合學校教學，公司與老師互動頻繁。甚至全興公司有康樂活動，或員工聚餐時，都會邀請學校的老師參加，而吳董事長對這些老師都很尊重，都會來特別關照。」吳董事長給學校教師的印象是隨和、慈祥

的，完全沒有董事長的架子，是一個尊師重道的董事長。

有一次與吳董事長聊天的機會，我請教他當時為什麼會舉辦這種輪調式的建教合作班，吳董事長若有所思的說：「當初我與林克禮校長討論這種建教合作實施的方法時，我就認為這種輪調式的建教合作班，是一種結合高職教育、學徒訓練與工廠生產的基層技術人力培養制度，使青少年的升學、就業、學習技術與企業單位的生產工作同時完成，不僅有建教合作與學徒訓練的優點，同時也是改變傳統技術教育的方式，亦為家境貧困、學術成就較低的青年，開闢就業與升學坦途，不僅使人力獲得充分運用，亦提高技術人力素質。」吳董事長有此先見之明，因此與彰化師院附工有長達七、八年之久的合作，為全興工業與工業界培養了不少人才，也增強了全興企業的穩定基礎。

當年在師院附工擔任校長的林克禮先生，他常說：「彰化高工改為台灣教育學院附屬高工後，賦有特殊的使命，就是提供教育學院課程研究與教學。」因此除了配合台灣師院的教學實習外，與職訓中心、全興公司、仲正企業、大康實業公司、順德工業公司、全懋精機公司……等企業界，都有過建教合作，但在人數、成效都以全興公司為最多又最好，可見吳董事長做任何事情，都要求最好的成效。

吳董事長常說：「教育是為了造就人才、培育人才，是一種百年樹人的工作。教育投資有時候是不能立即見效的。因此一個企業要有前程，也必須培養各種人才，從事各種語文的教育。俗話說『養軍千日用在一朝』就是這種道理。」

又說：「這是一個資訊時代，因科技的突飛猛進，國與

國之間的距離縮短了，全世界就像一個地球村，因此人就必須學習多種語言，才能獲得資訊與外國人溝通。」於是他鼓勵員工能終身學習，他以先賢曾說：「人必須活到老學到老。」來勉勵公司的員工，要利用各種機會學習各種智能。

從小失學的吳董事長，知道學識的重要，因此在早期的工廠中，有一些年輕工人，在下班後晚上的時間，他鼓勵這些年輕人學習，晚上就從彰化高工請來一位張渭川老師，來輔導他們讀書。

張渭川老師知道董事長很照顧這一些失學的青年，一方面教這些學生科學知識，以及為人處世的道理，最主要就是希望這些學生養成學習、研究的習慣，可見吳董事長對員工的照顧，就如同照顧自己的孩子。

民國六十三年，吳董事長為了鼓勵員工學習日語，特別又聘請張渭川老師，到工廠來教日語；張渭川受過日本時代教育，熟諳日本語言，本身又學機械，又在彰化高工教書，了解機械的結構，又有教學經驗。當時全興公司與日本公司，有生意的來往，公司也從日本買入一些製造零件的機械，為了技術的學習，要學習一些簡單的會話。

吳董事長做事一向認真，又講求效率，六十三年二月底就通知全興的員工，公司提供教師與教學場地，讓員工免費學習日語，利用每週二、三、四、五的晚上，從六點到八點的時間，把工廠的餐廳當做教室，只要有心要學日文的人都可以來報名，在民國六十三年三月十二日晚上，全興日文班開始上課，當時的員工來學日文的人有：吳古月、楊昌宏、陳文鈴、施清淡、莊東隆、陳春男、謝錫賢、鄭嘉榮、趙江

水、黃玉麟、楊基宏、黃進發、詹明正、胡彰期、林明賢、魏嘉斌、謝錫耀、王再添、吳美祝、林俊廷、余祝春、張榮清、陳仁哲⋯⋯等二十三個人，還有一位靜宜大學的學生來旁聽。

教學認眞的張渭川老師，特別從日本訂購《日本語的基礎》來當教材，這是一本專門給世界各國要到日本進修或旅遊的青年編的教材，這本書利用羅馬音注釋。

上課從簡單的會話開始，慢慢的進入較深的課程，是循序漸進的進度，來了解一些日常用語。吳董事長在晚間的時間，公事忙完後一定會去了解上課情形，並鼓勵來參加的員工要勤於學習。

在張渭川老師的印象中，吳董事長是一位忠厚的生意人，求知慾望強，對人相當客氣。對於老師特別尊重，非常喜歡幫助別人。好幾年下來，張渭川老師都一直在全興公司教日本語。

學任何語言都必須要持之以恆才能成功，如今這些員工還有許多人還在公司服務，談起這一段學習日本語的日子，都是一段美好的回憶。吳董事長在鼓勵員工學日語的這件事情上，是費盡心思的。除了請張謂川老師到公司教日文外，也曾經從日本請來一位國府正子小姐，到公司來教員工們日語會話。這位外來的日文老師起先也吸引了五、六十個員工來學習，據說學到最後陳文鈴、黃孝盛先生是學得最成功的，許多人都半途而廢。這些事情都深刻的記在吳董事長的心裏。

第十三章　研究發展與開創新局

　　台諺：「有樣看樣，無樣自己想。」

　　吳董事長說：「全興能在市場競爭劇烈下，依然屹立不搖；甚至於逐年成長，完全在於全新的不斷改善，走在時事的變化之前。」

　　全興工業股份有限公司於一九六五年成立，那時吳董事長剛好三十六歲，那年吳董事長遠渡日本，參訪東京シート株式會社，使吳董事長眼界大開，想到有朝一日定要把全興推向國際舞台，於是想到一句俗話說：「有樣看樣，無樣自己想」，這句話與「他山之石」是相同意義的，於是有機會到國外，一定想辦法去參觀別人的工廠與各種管理制度。

　　一個人的成功與否，除了自己的努力之外，朋友間的相互幫助，有很大的影響，在吳董事長開始做生意過程中，遇到一些好朋友，除了生意之外，在休閒活動中，往往也會結交一些益友，這些朋友雖然不一定是同業，但有一些商場經驗可以相互交換意見，也會促成事業的發展。比吳董事長大一歲的楊太平先生，早年本是光陽機車溪湖地區的經銷商，負責溪湖、二林、大城、芳苑一帶的販賣生意，常去高雄總公司開會，當時吳董事長也與光陽機車有生意來往，因此兩人相互認識，因個性、興趣雷同變成了很好的朋友，後來到全興公司擔任首席顧問約十七年的時間，公司在草創時期，

吳董事長常與楊太平先生討論，後來與日本的生意往來，楊太平先生也幫了許多忙，甚至於吳董事長到日本參觀訪問，也會找楊太平先生一起前去，與日本NOK株式會社合資的全興油封企業股份有限公司的相關事物，楊太平先生也出過很多意見，並幫忙促成與日人各種合作，後來還幫忙安排全興員工到日本去見習，幫助解決員工在日本的食住相關事宜。

在自己的公司中，對自己生產的成品，一直研發改進，四處尋找研究人才，當年由彰化高工請了一位莊垂杭老師，來幫忙設計繪圖，從民國五十八年到六十一年，莊先生一直在全興公司幫忙。各種設備也不斷更新，以及生產條件的改善，提高自製率後，並增設製作鐵台設備，生產作業一貫化後，員工增加至約一百人；到了一九七〇年自行車座墊就外銷歐美地區，產品也以GSK註冊商標，獲得業界的肯定。在這段期間也開始汽、機車座、內裝系統的開發製作。

為了養成做模具的技術人員，全興公司於一九七四年成立鑄造廠，開發出方向盤、儀錶盤等模具；這一年吳董事長與許師雄先生和日本NOK株式會社合資成立全興油封企業股份有限公司。過了三年為了生產精密沖床與做福特的汽車內裝產品，與西德KEIPER的技術合作，先用付費的方式去購買技術。一九七八年公司擴建新豐廠，同時全興公司用PU灌製的方向盤成功了。當年日本人豐田社長說：「世界上第一隻用低壓灌製成功的方向盤。」可見吳董事長走入國際的理想慢慢實現了。並於一九七九年派黃進發、施議淦、翁明得三位先生，去西德受訓學習沖床技術，把技術帶回來之後，自己再進行研發。

一九七九年吳董事長五十歲，在這年中三個孩子先後結婚，元月娶進大媳婦顏姿玉，三月又娶二媳婦陳慧芬，七月再娶三媳婦張香蘭。吳董事長的事業蒸蒸日上，家中也充滿著喜氣，工作雖然忙但心靈卻很充實。為了事業上的發展需要，在一九八○年遴選長子偉立到日本的東京シート株式會社去見習，同時也派了黃世彬、江森鉦、張有陽三個人，去東京見習。吳董事長心裡想著「家用長子，國用忠臣」這一句話的道理。心想公司要壯大，就必須儲備優秀幹部，培育人才是公司成功的基礎。未來的事業逐漸擴充後，每一個孩子都必須獨當一面，好的員工也要讓他們再去深造，所以一有機會就必須讓孩子或員工去學習，吳董事長是非常惜才的人，把公司的員工都看成自己的孩子，有許多員工受其恩澤，都用工作態度，來感謝吳董事長照顧，於是以廠為家的觀念就在全興公司形成了。吳董事長也常想到俗話所說：「養軍千日用在一朝」的道理吧！

吳董事長事業的蒸蒸日上，加上他做人豪爽，喜歡交朋友與幫助別人，空檔的時間也會去打高爾夫球，當時吳董事長參加了「彰健會」高爾夫球隊，可算是彰化縣第一個高爾夫運動團體，打開了彰化縣的高爾夫運動，流風所及彰化縣的高爾夫運動始漸日增，繼而才有彰青會、賜健會、彰竹會、彰工會、彰中會、彰化女子隊、佳偶隊、員林高爾夫球隊陸續成立。到了民國七十一年吳董事長接任「彰健會」第十三屆會長，也由其好友楊太平任總幹事，由於地利人和使「彰健會」由三十八個會員，增到一百多個人，任期當中建造「彰健會亭」，來造福彰化球場的球友。由此可見吳董事長，

不管是事業或休閒活動，他都會全力以赴，可見他的行事風
格。

　　或許，時下有些人去打高爾夫球，是要去証明自己的身
份與地位，或去「閹雞趁鳳飛」滿足一些虛榮感。但吳董事
長去打球純粹是運動與交友，把心情放鬆，因此在球場表現
出自在的輕鬆感，打球時相當的認真，毫無得失心，有時打
出 OB時，他還是談笑風生，在打球中常講著略有色彩的笑
話，除了運動效果外，讓友人開懷大笑，忘卻了工作的壓
力。

　　打完球去吃飯，與朋友聚會時，邊吃邊談一些生活中的
趣事，他不會酗酒，只是禮貌性舉杯，表示一種心意，吃飯
閒聊強調愉快的氣氛。

　　在全興公司事業的發展上，很明顯看出他的績效；一九
八三年可說是台灣汽車產業大躍進的年代，全興公司陸續與
日本的廠商簽定技術合作。在公司內部努力各種研發工作，
其成功的案例有快速換模、一體成型之技術、飛羚101研發—
—門板技術研究、塑膠製品氮氣射出、家具之開發……這些
成功的研究專案，使全興公司在此行業中揚眉吐氣，受到國
際社會的肯定，塑造出良好的企業形象。

　　約在一九八四年進口車降價，國內的汽車廠相繼推出新
穎汽車，生產線忙於應付。有先見之明的吳董事長，立即委
派研發部經理黃進發成立快速換模改善小組，進行研究改
善，以應付市場的需求。現場工作者意見紛紛，黃經理當時
說：「要達到連續的生產作業，務必做好快速換模，否則連
續生產的績效一定不顯著。」又說：「工作是靠頭腦，而不

是拼力氣，辦法是人想出來的。」於是會同設計人員，解決了修改及合模的種種問題，使修改工作事半功倍。

改善之後，工程有了次序，作業能聯貫，工作進度從看板上隨時可看得清清楚楚，隨時可以掌握進度。完全做到看得見的管理，由於快速換模的推行及設備的改善，使生產線平衡，機器稼動率提高，生產效率相對提升，徹底解決了欠品與產品不良的情況。當時吳董事長說：「全興能在市場競爭劇烈下，依然屹立不搖；甚至於逐年成長，完全在於全新的不斷改善，走在時勢的變化之前。」

吳董事長是一個善於反省的企業家，投入企業的經營非常專心，又常回顧過去經驗，為了能創出新的局勢。在公司自身的創新之外，與日本、德國的廠商互動頻繁，其技術合作之對象有德國凱派、日本立川、東京シ卜株式會社等，主要做過的產品有汽車座椅、儀錶盤、方向盤、車門板、遮日板、後傾器、滑板吸頂飾板、檔板護套、機車及自行車座墊等，產品供應三陽、福特、中華、羽田、通用、光陽、台鈴、山葉、百吉發、偉士伯等公司。自小失學的吳董事長相信「行萬里路勝讀萬卷書」，他總是利用時間出國去參觀考察。

常把國外看到的優良產品、好的管理制度與設備，帶回公司研發與運用：在研究開發上，吳董事長是非常執著，他的精神是一般人無法達到的，他一直相信別人能做的全興人一定會做，又要做得比別人好，吳董事長常常想，以前公司命名「全興」時，依字型「全」拆開來是「人王」之意，必須有帶頭作用，走在別人的前面，而「興」字該是「興旺」

之意，於是才有「全興」公司的產生。

　　吳董事長對任何事情有追根究底的精神，每一件事必須做深度與廣度的了解，做了詳細的評估後才去進行。吳董事長是一位才智過人的領導者，他認為要走在時代尖端，一定要有追求創新的前瞻性，而必須抱著務實的態度去經營，同時他還強調人必須要切實去力行，不能只有天馬行空的想像，有理想不落實力行等於空想，成功的人是不會畫餅充饑的，必須把理想落入現實生活。

　　吳董事長從五十五歲到六十五歲的十年間，與國際社會接軌，合資創辦了許多公司，除了汽、機車的內裝部品之外，與西德 GRAMMER 技術合作，生產辦公室人體工學座椅。六十歲那年創辦德芝美國際事業股份有限公司，為一家專業辦公家具銷售及諮詢公司。次年也與南非、泰國等地公司技術合作，成立相關的公司，可見吳董事長對任何市場都能詳盡掌握資訊。

　　全興關係企業在吳董事長的領軍下，新公司一家家成立，員工也一再的增加，設備逐漸擴充與更新。一向以提供顧客舒適、安全為職志，講求績效管理，主張與消費者直接接觸去發現問題，研究中掌握了市場的資訊；更注重人員與設備的配合，依工作效率進行調配；以嚴格的管理做品質的規範，開發出低成本、高機能的優良產品。

　　企業體制採專業、專精的政策，成立專業公司，根據不同專長，予以同質性規劃，致力於汽機車部品的創新與發展，並成立及時交貨（JIT）立體倉儲，促進汽機車零件部品的物流效率；以現有的優勢宏觀未來，整合所有資源，透過

國際的合作計劃，建立了全球的行銷版圖，將全興的產品，帶到世界每一個角落。

吳董事長是一個立足本土的企業家，吸取台灣人刻苦耐勞的精神，全心投入在事業上，他有許多生命哲學來自民間文學，以俗諺做為為人處世的依歸，承繼老祖先的拓荒精神。又具有國際觀點，從外國引進的工業技術，他也主張落實本土，於是成立了全興關係企業的研發中心，許多生產工廠的機械是自己研發出來的，被政府認定為優良的廠商，與生產力中心、金屬發展中心有各種合作，屢獲經濟部之各種獎項、更榮獲了行政院的國家品質獎。

除了工業技術的優良之外，吳董事長一直想著回饋社會；首先創立了「全興文教基金會」，從事文教工作，於是有了「全興幼兒學苑」的設立。事親至孝的吳董事長，為了追思父親的養育之恩，成立「吳路漢先生紀念助學金」，幫助社會上一些貧困子弟；在彰化縣各及學校捐助各種設備費與助學金、對各種民間社團也做了許多捐獻。還在彰化縣基督教醫院成立「全興醫療基金會」提供經費，購買特殊醫療設備，更贊助彰化基督教醫院醫學教育研究基金，提供經費舉行醫療交流研究會談。種種義舉都顯示出關心社會、熱愛國家的高貴情操。

立足台灣放眼世界的吳董事長，從六十歲以後，又陸續開發了汽、機車部品的中國大陸市場；這段時間也與日本三重設計株式會社簽訂汽車內裝部品技術援助契約、與富士シート株式會社簽訂大發（DAIHATSU）車系汽車座椅技術合作契約與產銷合作契約、與裕隆、中華、信昌、友聯、池田

物產、NHK等合資成立友聯車材製造股份有限公司。也在印尼成立全興公司。

　　除了各種生產製品受到市場的肯定外，在經營管理上也受到讚賞；榮獲勞委會人力培訓績優獎、取得福特 Q^1 品質獎、勞委會進用殘障勞工績優廠商獎、經濟部第十二屆全國團結圈銀塔獎、銅塔獎、經濟部第十三屆全國團結圈金塔獎、環保署辦公室做環保績優獎、勞委會敬業專案優等獎、經濟部推動團結圈績優團體獎……等，數不清的獎項証明了，社會及國家對全興關係企業的肯定，也證明了吳董事長在事業上、社會上受到別人的尊重與肯定，具有成就的他仍然繼續往前推進，從研究發展去開創新局。

第十四章　回饋社會的全興文教機構

台諺：「合好人鬥陣有布織，合歹人鬥陣有子生。」

從小失學的吳董事長，在一次閒聊中說：「人出生下來，如一張白紙，若用黑色染料，就變成黑色，用綠色染料，就變成綠色。這與先賢所說：『近朱者赤，近墨者黑』是相同的道理。台灣有一句俗語說：『佮好人鬥陣有布織，佮歹人鬥陣有子生』。環境常會影響一個人，兒童在成長過程中，若給予好的學習環境，將能啓發兒童的智慧。反之，沒有給予好的教育，有時候孩子會變壞。」這樣的理念，是吳董事長興辦幼稚園的動機。

同時，他又有感於自己員工，來公司上班，常為了托嬰而費盡心思，於是吳董事長想著，若能在自己的家旁邊，建造一個學校，用「幼吾幼以及人之幼」的心理來照顧這些兒童，就像在照顧自己的兒孫一樣，那是兩全其美的事情。

吳董事長與家人討論，要辦一所全方位的幼稚園，所謂全方位兒童教育課程：是採開放式教育方式，以方案教學輔助幼兒學習，是一種本土化、統整化、生活化的教育。

教學活動由兒童自行決定、計劃，並由老師輔助引導。並透過創造性的戲劇活動，引導幼兒正確人格的提昇；或透過蒙特梭利教學，使幼兒透過親自「做」來學習獨立與成長。討論後大家有了共同的抱負，於是教育的事業就交給了

夫人吳張紅棗女士來負責,從事全興幼兒學苑的掌理,由媳
婦去實際執行。

　　民國七十七年,就選定八卦台地的山麓上,即彰化市的
寶山路二六六巷六號,以一千兩百坪的土地做規劃,創立了
「全興幼兒學苑」,來照顧員工兒女,並教育下一代;同時又
在學苑中附設「東坡居」做為學生的課業輔導中心,以「蒙
特梭利」做為實驗兒童之家。

　　走進「全興幼兒學苑」如走入一個世外桃源,站在高高
的山崗上,視野相當遼闊,山間一片青蔥綠意,彰化市盡收
眼底。園內空氣新鮮,有鳥的鳴叫聲,花的芳香,彩蝶的身
影翩翩飛舞,猶如天上人間。

　　這個學苑中關有體能區、苗圃區、綜合遊樂區、鳥園動
物區、專用游泳池、專業教室、電腦教室……等設施。供學
生在遊戲間學習,在好的情境下盡情歡樂,並在園區中佈置
一些鄉土器物,做為本土教學的素材;比如在園區中塑造牛
與牛車的雕塑,在教學過成中,使孩子能認識牛的形象、牛
車的形狀,進一步也可以說明,台俗諺中「甘願做牛,免驚
無犁拖」或「牛牽到北京亦是牛」的意涵,或告訴學生「一
隻牛剝雙層皮」的象徵意義。

　　假如,了解吳董事長年輕時代,曾經牽過牛車的那段歷
史,也可以說一段以前吳董事長的奮鬥的辛酸歷程,也可以
了解台灣先民在這塊土地披荊斬棘的辛勞,瞭解「一粒米,
百粒汗」的真確意義。

　　走入園區的學術樓,造型獨特的這棟樓前,牆上刻有全興
幼兒學院創辦人吳張紅棗女士的題字,寫著:「今天立足在活

潑快樂的園地,明日涵育成開闊壯麗的人生。」寫於民國七十七年七月三十一日。這是該苑辦學的宗旨,吳董事長曾說:「來到全興的學生,老師們都帶著他們遊戲,在遊戲的過程中,去開發他們的想像力,獲得了智慧。」

在「學術樓」左方,有兩排公佈欄,除了活動公告,也有一些圖文並茂的兒童詩畫,比如這首〈溪仔邊〉寫著:

溪仔邊,風景美,
溪仔邊,來耍水,
溪仔魚,歸大堆,
泅來泅去眞古錐,
有的親像在飲水,
有的親像欲吻我的腳腿。

這首兒童詩描寫早期鄉村的水溝間,一群群魚兒悠遊的情形;同時也寫出兒童在水邊玩水的遊戲。鄉間的孩子喜歡在河裡抓魚、捕青蛙,摸螃蟹,但如今的水溝卻受到了污染,變成了臭水溝,有一個詩人王金選曾寫過一首詩〈臭水溝〉是這樣寫著:

臭水溝,
全全爛糊仔糜,
干那臭酸的茶米茶,
臭水溝,
全全爛糊仔糜,

親像臭酸的鹹鮭；

臭溝仔水，臭萬萬（Ke⁵），

臭死三千外隻的魚甲蝦。

　　讀著〈溪仔邊〉的詩，想著我的童年歲月，在溪邊玩水、放牛、養鴨的那段日子，如今看著那些活潑的小孩，在充滿歡笑的小教室中，慈祥老師的關愛中嬉戲、笑鬧與成長。我又看到對面的另一個公佈欄上，也貼著一首〈阿嬤愛種花〉的詩寫著：

阿嬤阿嬤愛種花，

厝前厝後種真濟，

玉蘭花，圓仔花，

指甲花，煮飯花，

閣有桂花、茶花、玫瑰花，

風若一下吹，

香味就四界飛。

　　這首詩畫有一個婦人，帶著老花眼鏡，提著水壺，穿著木屐在澆花，神情怡然自得。當我看這幅詩畫看得入神時，我聽到小朋友喊著：「吳爺爺！早！」，轉頭一看吳董事長，走在園區的道路上，慈祥的吳董事長，也向小孩子問好。

　　我立刻前去問候董事長，吳董事長與我握手後，帶著我在園區散步，並一一介紹園區的設施，花木扶疏的學苑中，有迎風搖曳的綠樹，紅白相間的爭豔花朵。鮮紅色的牛車置

放在路旁，走過這輛牛車旁，吳董事長的眼神注視著牛車，想必他又想起年少那段牽牛車的歲月，我卻想起吳董事長曾經對我講過一句諺語：「儉『車油』買『敷島』，儉『麥波』尋『查某』。」這句話的意思是日治時期，一些人把買車油的錢節省起來，拿去買「敷島」牌香煙，把買豬飼料的錢節省起來，拿去尋花問柳。

從一個紅型車輪旁，看到「涵凝樓」的中間，有一個運動場，供小朋友賽跑、活動之用。我與吳董事長站在牛車輪旁聊天，吳董事長對我說：「來全興就讀的孩子，是走出書本的，我們的環境夠他們飛奔，園中的設施可讓他們實際觸摸、工作和扮演各種角色，這裡不是模擬世界，是一個真實的世界，能學到鮮活的真實知識與智慧。」

當我們走上一間間教室旁，我看到老師在餵小孩吃點心或玩遊戲，在那多樣化的教室中，有用幾何圖型設計的數學教室、電腦教室，有趣的空間，能激發孩子內心的感動。

走到小森林內，那些語文教室、主題教室、積木教室都能令人驚奇。自然教室中，蘊藏著許多人類的秘密、各式各樣的昆蟲標本、水族生態、能量物質文化演進、現代科學，甚至於四季變化……等多樣的資源，都能在這些教室中看到，兒童家長走進這教室，也都流連忘返。

在園區散步是一種享受，林間有悅耳的鳥語，空氣中聞著一種淡淡的花香；那些天真無邪的兒童就像天使，令人忘去人間的痛苦。那天吳董事長告訴我一件有趣的事。他說：全興幼兒學苑剛開始時，在園區出現一些蛇，這些蛇大部分是「臭青母」，屬於無毒的蛇，吳董事長深怕這些蛇咬傷兒

童，或驚嚇到孩子，於是他就想到捕蛇的事情。

吳董事長請人買來一些塑膠管，然後在管上鑿洞，然後塑膠管的兩頭，運用一種可進不可出得竹籠塞住，在把這些塑膠管置放在樹下或溝仔邊，蛇就會鑽進塑膠管中，再請人來捕蛇。這樣做是為了怕學生被蛇驚嚇到或咬傷。

夏天到了，有名的「彰化蚊」總會咬傷兒童，吳董事長吩咐全興幼兒學苑的行政人員，從美國購進了七台捕蚊機，每台約六萬新台幣，四十多萬元就放在學苑中，來捕蚊蟲。

這是一種運用瓦斯帶動，來送出熱風的機器，又靠著光線與熱氣、香味，來誘引蚊子。除了捕蚊蟲外，注意保持環境衛生，使其不滋生蚊蟲。這一切的事情都為了兒童的健康而做的，可見吳董事長是一位悲憫的長者。

吳董事長認為，辦幼兒學苑是以回饋社會的心情，做到「幼吾幼以及人之幼」的理想，家長既然把孩子交給全興，幼兒學苑的老師就必須負起照顧、教育孩子的責任，學苑時時秉持好還要做得更好的這股信念和目標。使學生家長無後顧之憂，能全心全力為事業奮鬥。

在教學上透過主題教學的方式，可從不同年齡孩子身上學到「彼此尊重」、「相互幫忙」、「相互學習」、「分享」與「有效溝通」的社會性的互動機會；比如教學主題是「我們去買菜」，在教學過程中，可以讓兒童知道：蔬菜的種類有花果類、葉菜類、根莖菜類，然後教給孩子每種蔬菜的生長過程、生長過程變化……等相關事件；然後教孩子蔬菜的構造，從吃蔬菜的哪裡談到烹調的方法；然後可以說到農夫種菜的方法，古今中外種菜方法的比較；然後談到蔬菜的營養

價值。還可以帶學生去參觀菜市場、民俗館（農具）、菜園；在參觀的路途中，把沿途看到的景物介紹給兒童……等。用一個主題就可發展出各種教學的內容，讓孩子在生活中學習。這種主題教學，是在九十年度成立蒙特梭利混齡教室時，開始實施。這種班級著重孩子經驗的傳承，使學童從學習過程中，知道學習、關懷、溝通、分享等人際關係。

「蒙特梭利教學法」是一個以「尊重孩子」為出發點，並注重「個別差異」的教學法，孩子在預備好的開放環境中，依照自己的意思自由選擇教具工作，因為每一樣教具都有「錯誤訂正」的功能，孩子可以自我更正與學習；教師則以「引導者」的角色，從旁觀察孩子的需求，並適時的加以指導。這是一種混齡的環境裡，孩子從不同年齡孩子身上可尋得自己過去和未來的成長軌跡。在孩子的人格形成過程中，孩子之間的年齡差距，更提供了許多彼此尊重，養成兒童相互幫助關懷的習慣，在相互學習過程中，彼此分享經驗與養成有效溝通的社會互動機會。

在新式的教學方法中，苑中與學童家長採「E化的親師溝通方式」：利用網路視訊，每間教室都有電腦與攝影機，教師可以利用教學需要，進行多媒體教學或從網路上下載各種資訊，做為教學輔助教材。同時透過學苑中所架設的網站，家長可在家中或工作場所，看到孩子在學校的學習與生活的情形。家長還可以用電子信箱，隨時與老師聯繫，並能接收學校的各種消息。

全興幼兒學苑，有寬廣的園區，優良的教學設備，新式的教學方法，環境幽雅，是現代兒童的學習、遊戲的天堂，

在財團法人全興文教基金會的支持下，以「興辦教育，弘揚文化」為宗旨，是照顧員工兒女，教育下一代的學苑，寫著吳董事長回饋社會的心情。

從一九九〇年創辦「全興兒童之家」以來，採蒙特梭利教學法來幫助幼兒的各種發展；經過了多年的實驗與觀察，證實了孩子在這種自我「自我學習」的模式中，得以自我建構、自我發展與建立自律。於是在掌理幼兒學苑的三媳婦張香蘭的建議下，又在中央路二七〇巷六十七號的地點，創辦了「立恩教育機構」，以便服務更多的兒童。

東海大學國貿系畢業的張香蘭，與吳董事長的三子吳崇讓結婚後，就與公公住在同一個屋簷下，共同生活了二十年，對於公公、婆婆的勤儉持家，嚴以責己、寬以待人相當的敬佩，婚後的張香蘭又到師大去修教育學分，也研究蒙特梭利教學法，又長期投入幼兒教育，對於現代的兒童教育有自己的看法。

吳崇讓與張香蘭婚後育有三女一男，長女吳映萱畢業於肯得大學，現正修習碩士學位、次女吳宜穎現在正在英國倫敦就讀聖馬丁大學、三女吳會文在英國讀高三、長子吳峻興也在英國讀初中二年級。

西元二〇〇一年「立恩教育機構」創立了，以邁向「國際化的教育」為目標，用「尊重生命」做為教育的理念。在我訪問立恩教育機構執行長張香蘭女士時，曾經請教他：「全興幼兒學院與立恩教育機構有什麼不同？」

她說：「如果從硬體上來講：全興幼兒學苑的建築物，是屬於別墅型的設計，地點選在山坡上；而立恩教育機構選

在城市中，以兩千多坪的土地，做地中海型的建築設計，有新型的建築物。從立案的內涵來講，全興幼兒學苑是屬於托兒所，管理機關是社會局；而立恩教育機構是幼稚園，隸屬於教育局管理。教學方式，全興幼稚園採主題教學、立恩教育機構採美國蒙特梭利教學法。並以此教學法中的語文教育方法進行英語直接教學。」口才相當好的張香蘭又說：「我們又創立了『立恩語文中心』，主要是提供國小學生學習英文的環境，所以採國外學校普遍使用的『全語文』教學法，進行生活化的語文教學。並且聘請外籍教師來設計教材。依各階層的年齡需求，以『英文能力分析班』來為各學童設計課程。同時還為了鼓勵父母與孩子一起成長創有『親子共讀班』，這是一種貼心的想法。另外，我們還有一項服務，是專為彰化地區父母設計的『親子館』，除了○～三歲與三～六歲的教具操作區、感覺統合遊戲區外，另有英文童書房。『親子館』的設想，除了提供做為父母利用閒暇或假日與孩子同遊的去處，同時也可以為會員家長舉辦各種父母成長講座。」

我們知道人與人之間，是一種情份的聯繫，這種情份因父母親的養育之恩，使孩子產生感恩的心情；人與人之間建立在互相關懷、照顧之際，而產生了各種溫情。而教育是在培養感恩的心，而透過生活的體驗中去學習。

當我去拜訪「立恩教育機構」的執行長張香蘭時，是十月的下旬，吳聰其董事長已經不在世間了，以後傳承吳董事長的回饋社會的理念，當是他的第二代以後的子孫了，我想不管是全興幼兒學院或立恩教育機構，都是吳董事長遺愛人間的最好證明了。

第十五章　日本人眼中的吳董事長

日下昇治總經理說：「吳董事長的經營理念，與我們日本人的精神相契合。對工作相當認眞、對人熱情、誠懇，他對台灣的車業貢獻很多。做決策比日本人快速，凡他認爲可以做的事立刻就做，不像日本公司要經過許多會議才能決定。因此，全興的企業精神，表現出做事積極與效率高。」

出生在一九四〇年日本四國德島縣的日下昇治，在日本居住於愛知縣豐田市，畢業於京都的立命館大學，一九六三年入アラコ會社，一九九六年派任新竹縣湖口鄉新竹工業區仁愛路八號的「新三興股份有限公司」，擔任總經理職務。

一九八四年三月全興公司與日本 ARACO（株），因應豐田汽車計劃案，開始締結友好關係，相互合作；一九八六年由全興公司與日本 ARACO（株）、建台豐公司訂立合資契約；一九八七年成立「新三興股份有限公司」，開始生產豐田座椅，並訂立技術合作契約。展開了新三興在台灣的生產事業。新三興公司先後做過豐田瑞獅之內裝配備、豐田可樂娜之內裝設備、中華汽車得利卡之座椅、豐田可樂娜之眞皮座椅、可樂娜改型車之內裝配備、豐田 TERCEL 之內裝配被……等產品，這些產品享譽海內外。

來台灣擔任新三興股份有限公司總經理約五年的日下昇治先生，是一位看來有點木訥、斯文、誠懇又踏實的經營

者，談到他的經營理念，他說：「新三興股份有限公司，以能時時提供令顧客喜悅之有魅力之產品，及對台灣汽車產業之發展有所貢獻爲目標。這幾年來，在台灣自用車市場競爭激烈的情況下，致力於加強長期性視野開發體制與生產體制。公司員工團結在一起共同推進開拓二十一世紀之技術開發，創造出充滿迅速且有挑戰性之企業體制，及對豐裕社會之創造有所貢獻。」又說：「在公司的同事中，我把每一個人都當成兄弟姊妹，沒有長官屬下之分，大家共事不分彼此，互相幫助、合作，學習關懷別人。互相關心公司的成長，把新三興公司的產品，塑造成台灣第一、世界第一，並與上游協力廠商，共同合作做出有台灣風味的產品。」

二○○一年八月六日全興集團，在總公司召開各關係企業的總經理會議，吳董事長在會議中指示，當全球性企業不景氣之中，要如何同心協力開發市場，並對產品品質的提升形象，會議中大家集思廣益，一向都尊重經營者的吳董事長，總是引導大家思考，並表示感激各位總經理平時的努力，才能在這波不景氣中，還保持好的業績。

會後公司宴請總經理們，在彰化市旭光東路的「大廟口」餐廳聚餐。在吃飯當中，吳董事長一直在介紹餐桌上的台灣料理，每一道菜的做法如何，吳董事長都詳細介紹，有一道台菜叫「五柳枝」的料理，吳董事長獨鍾這道菜，特別介紹它的做法，還找來了餐廳的料理師，討論這道菜的烹飪技巧，可見吳董事長做任何事，都非常的投入。

在酒宴中吳董事長講了一句語重心長的話，他說：「景氣不好，吃好一點的菜，養好身體，等待機會再做衝刺以突

破困境。」

同桌的客人中，有一位楊太平先生，講著一口流利的日語，也是一位豪放的飲者，家住溪湖，曾經當過彰化縣溪湖地區的議員，是全興的首席顧問，也是吳董事長的知己朋友，早期全興與日本地區的生意往來，楊先生曾經幫過全興公司許多忙，念舊的吳董事長，若有公司聚會的場合，都會請他來敘舊。

楊先生來到宴席中，幽默風趣的談吐，使這酒宴更熱絡了起來，大家有說有笑，就如家人的團圓聚餐，這場聚會中董事長夫人，也出席了，大家把酒言歡，看到吳董事長與夫人，相敬如賓的情深模樣，使酒宴更加其樂融融，這對恩愛夫妻的感情令人想到「百世修來同船渡，千世修來共枕眠」的昔時賢人語句。

餐後筆者與日下昇治先生閒聊時，我請教他說：「以您在公司與吳董事長的共事中，吳董事長在您的腦海中，是怎樣的一個人？」我們的交談是透過施清淡副總經理的翻譯進行的。

沉思了片刻後，日下昇治總經理說：「吳董事長的經營理念，與我們日本人的精神相契合。吳董事長對工作相當認真、對人熱情、誠懇，他對台灣的車業貢獻很多。做決策比日本人快速，凡是他認為可以做的事立刻就做，不像日本公司要經過許多會議才能決定。因此，全興的企業精神，表現出做事積極與效率高。」

談到做事的效率，吳董事長有一句至理名言，他常對公司的員工說：「人欲進步，先學笨彈。」這句話最主要告訴

員工，效率要好必須要能縮短工作流程，要縮短流程必須要進行研究，全興工業有今天的成就，研究發展是很重要的關鍵，在年輕時吳董事長，做任何事情都講求效率，他不怕花錢購置好設備，他怕墨守成規，不求長進。

吳董事長認為在科技突飛猛進的現代社會，企業的管理、工廠的設備不更新就會落後，汰舊換新是現代企業的精神，俗話說：「工欲善其事，必先利其器」有優良的機械設備，才能生產好的製品，只有好產品才能夠與別人競爭，才不會被時代所淘汰。

新三興股份有限公司的副總經理施清淡先生，一九四七年生於埔鹽鄉新水村，畢業於員林實驗中學，後來又在彰化高工技藝訓練班結業。於民國五十四年，經其叔叔施連勝介紹，進入全興工業服務，一年後被公司派到全興公司設在台北的倉庫，負責交貨給三陽公司，並做各種售後的服務。

施清淡到了兵役年齡時，就入伍去當兵，在當兵期間吳董事長，交代會計人員每個月寄一百五十元新台幣給施清淡先生，做為生活的費用。當時一個二等兵每個月薪水約一百元，每個月收到吳董事長給予的這份津貼時，內心十分感激。但有無功卻受祿的心理壓力，因此一放假施清淡自動回全興公司，幫忙處理一些公司的雜務，施清淡把全興當成自己的家，而吳董事長也把施清淡看成自己家裡的人，服役年限屆滿後，立刻又回到全興公司來上班。

在全興公司施清淡從基層的業務員做起、再當採購、工廠的各項雜務，後來升任課長、副理、經理等職。直到民國七十六年新三興股份有限公司成立，吳董事長借重他的才

能，升任他爲該公司的副總經理，到如今在全興公司工作的日子已經有三十五年的時間了，可說一生的歲月都奉獻給全興公司。

施清淡常常說到能在全興公司三十五年的時間，完全受到吳董事長的精神感召，他說：「從我的名字所表現出來的是『清靜以致遠，淡薄以明志』，我是一個做事盡責任。又清心寡慾的人，沒有太多的慾望，做任何事只求心安理得，從來不會去爭權奪利。但是我遇到一個關心員工生活的吳董事長，做事情明察秋毫，他絕對不會虧待員工，又是獎賞分明的人，你對公司付出多少？吳董事長是不會虧待你的。」

接著施副總經理又說了一段往事：「約在二十五年前，吳董事長花了約一百二十萬元，買了三棟房子，分別贈送給三個對公司有奉獻的人，除了謝錫賢先生與楊昌宏先生之外，我也是其中之一，得到一棟約四十萬新台幣的房子。」

在與施清淡副總經理的閒聊中，知道他與吳董事長，長期與全興公司的並肩作戰，爲了全興公司常夙夜匪懈，真可說沒有屬於自己的家庭生活，但他無怨無悔，只求公司的業務能蒸蒸日上，煩惱、辛苦的煎熬也度過了。

施清淡說：「早期全興公司與三陽公司做生意時，曾與台北三重市的一家同業，有一段時間的競爭角力，公司花費了很大的精神，在服務、品質、交貨上，付出許多心思，才把逐漸遞減的銷售量扭轉回來，那是全興公司遭遇到成敗的一次關鍵性競爭，最後也力挽狂瀾的成功了。還有一次是遇到新三東公司的財務危機，當時全興公司有很大的貨款在該公司，吳董事長與施清淡費了很大的心思，才拿回那筆貨

款。差一點受到新三東公司的拖累，那筆貨款若無收回，全興公司將遭到池魚之殃。」

人常會活在回憶中，過去的日子雖然說「是非成敗轉頭空」，但有一些事情總不能忘懷的。施副總經理與吳董事長，可說是「穿同件褲子」的人，乘船在海中迎風破浪，一起度過困頓的時光；做生意時也曾陪客戶，去過著「今朝有酒今朝醉，莫等無酒空對杯」的浪漫之夜。

早年在全興的日子，跑業務銷售材料的業務員，常常為了達到業績，招攬生意時費盡心機，為了生意常必須與顧客「搏感情」，應酬時必須投顧客所好，請客的地點常會設在有「粉味」的酒樓。

當年台中的鳳麟酒家、彰化的白宮酒家，是施副總與吳董事長光顧的地方，雖說到酒樓應酬，做生意的人常是醉翁之意不在酒，只是運用酒興談生意。在這方面吳董事長是最高招的，他在酒宴中，是為了交朋友，對客人是盡情相待，飲酒時做到賓主盡歡，他是一位口才很好，談笑風生的人，他雖不善飲，然而為了酒場的氣氛，是寧可醉倒也不掃興的人。

一般人的印象中，吳董事長是屬於豪爽型的人，可以「大塊吃肉、大碗喝酒」之流，雖不拘小節卻有風度翩翩的紳士態度，因此，許多客戶都喜歡找他一起吃飯、飲酒。

久而久之這些客戶，就變成了「剖腹相見」的友人了，生意自然好起來，吳董事長是一個高瞻遠矚的企業家，交朋友講意氣，不會去斤斤計較，更不是目光如豆之輩的生意人。

　　吳董事長做任何事都強調坦誠，他說：「做生意要講信用。」沒有信用的人，只能瞞人一時，無法瞞人一世。生意人絕對不能有「對人講人話，對鬼講鬼話」的「王樂仔」心態。

　　那些「食四面風，講五色話」的人，會壞了信用。雖說：「王祿仔嘴，狀元才。」能講得頭頭是道，但與那些「一嘴，含一舌。」的人比起來，是沒有人會相信他的。

　　吳董事長常鼓勵員工說：「一言不重，千言無用。」所以他鼓勵員工要講事實的話，不要只說「中聽」而不事實的話語，他又說：「刣魚著刣到鰓，講話著講透枝。」鼓勵員工凡事必須講清楚，不要有所隱瞞。

　　談到全興公司能有今日的成就，是吳董事長能看得遠、抓得準，與他合作過的公司，在車業界有三陽公司、光陽公司、六和公司、福特六和、豐田公司、中華公司、山葉公司、台鈴公司、通用公司……，而在與業界的交往過程中，吳董事長善觀察、勤學習、實力行、富創意，才能在台灣車業創出一片天，擁有今天的成就，吳董事長總是以一種感恩的心，感謝這些曾提攜過他的人，感謝曾經為全興公司付出的員工。

　　吳董事長常在新進人員的訓練時，給新進人員一個飲水思源的觀念，他常說：「食水果愛拜樹頭。」是全興的產業文化，也是他對人的一個期許，因此，他通常以三陽公司如何對全興公司的協助的角度切入為話題。

　　一直到現在為止，全興的產品編號，屬於兩輪的機車，第一個號碼「2」，屬於四輪的汽車，第一個號碼「4」，而「2」

彰化學

與「4」字頭的第一個廠商就是三陽，還有顏色標示，三陽是綠色的。由這兩個例子來詮釋，三陽公司是全興最尊重的顧客，從全興內部有形與無形的種種做法，就可以感受到主事者的用心。

施清淡副總經理，告訴我說：「在全興工作了三十五年，學到了吳董事長的腳踏實地、正直、務實的做事原則。」也學會了知足常樂的生活哲學，又因為吳董事長把他看成自己的家人，做事情都充分的授權，讓他能盡力的發揮，因此責任心強的施副總經理，都把公司的事情當成家中的事情，盡心盡力的去執行。

施清淡說：「我這一輩子都屬於全興的人，永遠不會離開這個集團。」這句話可能是許多全興人的內心話，也是全興企業成功的基礎吧！

第十六章　飲水思源的吳董事長

吳董事長說：「一個不孝的孩子，很難盡忠職守，兄弟之間不和睦的人，要如何談敦親睦鄰。不講信用之輩，當然不懂禮貌；不講意氣之人，那裡懂得廉恥。」因此，吳家的庭訓是「勤生意、崇儒業、尚節儉、睦宗族、和鄉里、慎承繼、重喪祭、使僕卑、嚴閨門、戒淫惡」。

台灣有一句俗話說：「種山拜山頭，種田拜田頭，食果子愛拜樹頭。」意思告訴我們「飲水必思源，數典不忘祖。」念舊與惜情的吳董事長，是一位充滿感恩心的長者；對自己家中的族人、或曾經幫助過他的人、生養過他的土地、讓他成功的基業都懷著感恩的心，念念不忘別人的恩澤。

懂得感恩的吳董事長，隨時想報答恩人，隨時隨地想回饋社會、幫助窮人、報答恩人，他常說：「食人一斤愛還人八兩。」又常說：「人必須有取之於社會，用之於社會的觀念。人與人之間能夠和諧相處，世間才會充滿著溫暖。」

民國八十二年彰化縣吳氏宗親會成立，吳董事長擔任宗親會的理事長，號召族人必須以孝悌為先、和睦為本，族人有難共同擔當，有福一起分享。為人子孫者，必須恭敬盡禮，出入有儀，見長者坐必起、行必序；而長者以身作則以耕讀為本，商賈為事，不得非為卑賤。

他認為坐而言，不如起而行，於是出錢出力印行《台灣

吳氏族譜》專書，希望族人有「祖宗雖久遠，祖德時懷念」的胸懷。因此印行族譜贈送宗親，在序文中他說：「……木必有根，根固而枝榮，水必有源，源遠而流長，人有根，根是我們祖先和發源地。木有根、水有源、山有址、人有本、國有史、家有譜。故家譜是記載世系、世譜，使奕葉相繼之淵源。」

又說：「尊祖敬宗，為我國傳統之美德，報本思源，重視敦親睦鄰，發揚禮讓之美德，子孫祭拜祖先，藉以追思祖德，紀念祖恩，表示後代的孝敬。尋根探源，必須先瞭解，祖先原居住地方之地理環境的開拓史，人文禮俗，宗教生活，年節習俗，對照落實地方禮俗，以及所流傳的文獻史蹟。」

有尋根探源精神的吳董事長，是屬於泰伯公百零一世孫，原祖先屬廈門同安石潯十八世，先祖由同安石潯遷居鹿港同安寮務農為生。從小就遵守宗規：「崇祀以敦孝恩。孝悌以肅家風。睦鄰以念同宗。耕讀以務本業。賑濟以救濟乏。擇配以選娘家。」

吳家的家規是「敦孝、悌弟、精忠、守信、崇禮、尚義、養廉、存恥」，吳董事長希望吳家子子孫孫，都必需將家規謹記在心，奉為圭臬。

吳董事長常說：「一個不孝的孩子，很難盡忠職守，兄弟之間不和睦的人，要如何談敦親睦鄰。不講信用之輩，當然不懂禮貌；不講義氣之人，那裡懂得廉恥。」因此，吳家的庭訓是「勤生意、崇儒業、尚節儉、睦宗族、和鄉里、慎承繼、重喪祭、使僕卑、嚴閨門、戒淫惡」。

對於事親吳董事長認為「在生一粒土豆，卡贏死後一個豬頭。」父母在世的時候，必須多加關心與照顧，不要等到親人辭世時，再用豐盛的祭品供奉，那是無補於事的，人到了老年是孤獨的，須要子孫多去關照他，先賢曾說：「孝悌也者其為人之本。」

人的生命是短暫的，人生是無常的，人何時離開世間誰都不能預料。先賢曾說：「樹欲靜而風不止，子欲養而親不待。」這句話是值得為人子女深思與警惕，切記──親人隨時隨地會離我們遠去，親情是必須珍惜的。

性情溫和，為人謙誠謹慎，處世穩健，待人誠懇的吳董事長，具有悲天憫人的人道胸懷。在年輕時為生活奔波，為事業奮鬥，可算人生的旅程歷盡滄桑。如今事業有成，立即投入歷史的建構與文化的推廣。在吳姓宗族方面，擔任吳姓宗親聯誼會會長、彰化縣吳姓宗親會理事長、讓德社會福利基金會董事長；是一位富有民族意識，重視「敦親睦鄰」、「慎終追遠」的人，秉持繼志承烈與緬懷祖德的觀念，領導彰化縣吳姓宗親會，購置會館、興建宗祠以光前緒。

在企業上為全興關係企業團的總裁，領導全興企業外，在台灣區的省市、縣級的文化、教育、工商、社會公益社團等十餘個單位，擔任董、理、監事等職務，推展各種文化，他說：「文化就是人的生活品質，要改變社會的墮落，必須提昇人的心靈生活。人除了物質生活外，必須要有精神生活，透過各種藝術的陶冶，才能使人邁向真、善、美的境界。」

有一個星期天的早晨，與吳董事長在他住宅前的庭園中

散步，在他住處前種植著高大的黑板樹，在隔著他家前面道路前有一棟非常精緻的木屋，現在已經無人居住了，我問他這棟木屋的建築費用多少？他說：「這棟木屋的木材，都從美國進口，造價花費了兩千萬元新台幣。」

「誰住？」我發現好像沒有人住在裏面，迷惑的問著。

「當年為了蓋給父母親住的。沒想到還沒完工父親就遠離世間。」吳董事長有一點感傷的說：「蓋完後母親住了四年，她也走了。」

望著這棟造型特殊的木屋，現在已經人去屋空，令人感到有一點鼻酸的悵惘。仔細瞧著在木屋的底層下，置放著一些農具，有犁、手耙、牛車軛、蜈蚣犁……等。想必這些農具是紀念早年在鄉村耕種的日子。

我們走到屋子的迴廊上，透過玻璃窗看進屋中，整齊、美觀的家具，靜靜的置放在屋中。無聲無息的木屋旁，只聽到早晨的鳥兒的鳴叫聲，我望一望屋前的游泳池，沒有水的游泳池，也沒有人再去游泳了。游泳池旁是一片碧綠的草坪，有一點斜坡的草坪是供全興幼兒學苑的小朋友，玩溜滑梯的場域。

繞著吳董事長住家前的道路，漫步的走著，經過兩隻石雕的牛，吳董事長為我說明這兩隻牛是委託大陸的石雕家雕刻的，每隻牛連運費花費二十萬元新台幣，並說：「這兩隻牛，一隻是赤牛（黃牛），一隻是水牛。水牛適合水田的耕種，沒有耕種時水牛喜歡在水中沐浴，黃牛適合拖車。」談到牛的習性，吳董事長真是經驗豐富，談到牛事，吳董事長猶如走進了記憶的迴廊裡。

走在高級的住宅庭院中，能夠看到一些鄉村的民俗器物，是吳董事長的念舊心情的呈現，他不能忘懷早年鄉村的躬耕生涯，牛與車曾經是他謀生的器具，犁與耙都曾與他為伍，今天雖然已成為企業家，但人生奮鬥的歷程是永遠不能忘懷的，人的成就是生命歷程的累積，社會的進步是人類經驗的傳承與改善，任何工作的經驗都值得珍惜。

在台灣社會中，有許多人不知道自己的祖先來自那裏？要他去尋根探源時，頂多能追溯三、四代先祖，再往上推就找不出根源了。因為台灣人沒有家族史的觀念，也不會去編撰「族譜」，使每一個人都如浮萍，到處找不到安身立命之處。沒有家族史觀念的人，當然就不會有歷史的觀念，也不會想去了解歷史；比如：生活在一個村莊聚落裏，也不知道這個村莊的歷史；住在台灣一輩子了，可能有許多人都不了解台灣的歷史，甚至於有人會說知道過去的歷史做什麼？

其實，歷史是記錄過去的事實，在記錄的過程中，就要仔細的觀察，一個歷史學家必須和所有人類的觀察是一樣的，寫出真實事件來讓人體會。因此，要寫歷史之前，就必須去判斷什麼是事實，這些事實又有些什麼意義？而把這些事實拿來做研究，找出什麼是對的？什麼是錯誤的？然後人類會去選擇自己認為對的事情去做，如此一來，人類就盡量躲開過去的錯誤，使人類在過去的經驗中得到啟示，社會才能不斷的進步。

吳董事長年少失學，但他珍惜各種工作經驗，他從生活體驗中，去尋找好的出路，在不斷找尋經驗中得到智慧，雖然在年輕歲月中，他做各種小販、各種農事，他把以前的各

種工作經驗記得清清楚楚，又能把過去做的事，歸納出處世的原則，後來轉入了商場，運用了過去的經驗，加上一些新的理念，變成了一個大企業家，他並沒有忘掉「曾經滄海難為水」的生活，他記取過去那些經驗。從他注重「祖譜」的編撰出版，証明他是努力建構歷史的人，因此，他做各種事情都會飲水思源，是一位長存感恩之心的人，值得當今社會那些「過河拆橋的人」思考。

第十七章 為孫子繫鞋帶的吳董事長

佛家語：「一切有為法，如夢幻泡影，如露亦如電，應作如是觀。」

台諺：「有食有行氣，有燒香有保庇。」

民國四十三年次的陳慧芬小姐，家住彰化市，婚前在必治妥當專員。民國六十八年與吳董事長的次子吳崇儀結婚，婚後約三年的時間與公公、婆婆住在一起，當時公公吳聰其董事長，為了全興的企業的發展，每天早出晚歸，很少留在家裡。在陳慧芬的印象中，吳董事長是一位和藹可親的長輩，不會發脾氣，對子女非常的照顧，子女有任何要求，只要是正當之事，他都會答應，幫忙孩子完成其心願，對於子女的教育採取自由放任的方式，只是從旁輔導，使子女有自我創造的空間。

而吳董事長本身是相當節儉的人，平常自己省吃節用，錢很少為自己而花；對好朋友都能慷慨解囊，又熱心幫助別人，他認為「儉，愛儉家己，對朋友愛慷慨。」

在媳婦陳慧芬的記憶中，吳董事長若要送禮物給朋友，都必須選最好的，要能給受禮者喜歡，否則寧可不送，所以常為了禮品傷腦筋，要送禮前還要考慮受禮者需要什麼？他常說：「送給別人不用的東西，算是一種浪費。」慎重其事的挑選禮物，目的只是表示自己的誠意。

　　婚後的陳慧芬小姐，有一段日子在全興公司做出納，在自己的公司做職員，民國六十九年生下長子吳昭興，民國七十一年又生下次子吳彥興，民國七十二年又生下三子吳家興，過著相夫教子的生活。民國七十一年由中正路的家搬到八卦山上的住宅，過著帶點山居氣氛的生活。

　　吳崇儀夫婦的住宅，與全興幼稚園相比鄰，是一棟相當別致的建築，庭園中的水池，養了許多金鯉魚，在池中悠遊著。進了吳宅的客廳裡，置放著一台演奏鋼琴，坐在圓形造型的客廳中，就可看到牆上掛著一幅書法，寫著「一切有為法，如夢幻泡影，如露亦如電，應作如是觀。」這段出自佛典的經文，點出了生命的無常。

　　我坐在客廳中，與吳夫人慧芬小姐，聊著她嫁到吳家來的往事，也談到這幾年以來，為了三個孩子的教育，移居美國的心路歷程，健談又隨和的陳慧芬小姐，說到婆婆是一位忠誠的民間信仰者，是一位傳統的台灣女性，空閒時喜歡到廟寺去禮佛拜神，今年暑假回來，陪著婆婆到各地禮佛、拜神，燒掉了許多的金紙、冥紙，他婆婆一直相信，全興有今天的成就都是眾神的保祐，這些神都是她去祈求而來，他認為「有食有行氣，有燒香有保庇」是一種事實。

　　當我們閒聊過程中，有許多電話進來，吳夫人接聽電話時，她的第三兒子家興從戶外回來，加入我們的談話中。從談話中，我知道他們的學校剛放假，這兩天剛剛才從美國回來，恰好吳董事長，要去彰化基督教醫院做身體檢查，於是三位孫子陪吳董事長到醫院去做檢查。

　　我問他：「在美國修什麼系？」

　　「我現在剛申請進入大學，選擇商科吧！因本身對從商有興趣，另一方面自己家中的企業缺少人手，學一些商業管理較爲實用。」吳家興是一位口才很好，講話條理井然的青年。

　　我們聊了一些在美國讀書的事情後，我問他：「在你的印象中，爺爺給你的最深印象是什麼？」

　　「小時候在家裡時，我總覺得爺爺是一個大忙人，每天早出晚歸。後來爲了讀書，我與媽媽搬到美國，每年的暑假，爸爸會帶著爺爺與奶奶到美國來玩，假日我們一家人就去郊外玩，坐輪船、走公園、到觀光遊樂區去玩。」吳家興好像沉入回憶中說：「記得有一次，我們一起與爺爺到泰國、新加坡去玩，我發現爺爺生活非常的規律。近幾年來，爺爺的身體較差了，就沒有再來美國玩了。我非常懷念以前全家出去玩的那種氣氛，是那麼的愉快與幸福。」

　　「你們是不是每年暑假都回來陪你爺爺？」我問。

　　「有。每年暑假我們都回台灣，除了陪我爺爺奶奶之外，我們到自己的工廠去打工，或到全興幼兒學苑做事，跟那些小朋友一起遊戲。每天早晨，我們會去陪爺爺在自己的庭園中散步，聽爺爺講一些有趣的事情。同時爺爺也會講一些爲人處世的道理給我們聽，有時候爺爺會談一些他年輕時，在鄉下做苦工的事情，使我們了解日治時代台灣的生活情況。」

　　「爺爺捨得你們去打工？」我有點疑問。

　　「爺爺主張年輕人要接受磨練。」吳家興若有所思的說；「工作是一種學習，學習是一種成長，而成長是經驗的累積。在美國讀書，接觸美國社會，對自己的家鄉產生疏離，因此

利用假期回來，了解家鄉的人情世故，返鄉後對自己的土地與鄉親，才不致產生隔閡。」

「那你這次回來，與你爺爺相處在一起，是否有其他的發現？」我多麼希望透過孫子的眼中，來描繪祖父的形象。

「最大的感覺是爺爺的身體，已經不如以前的健康、硬朗。」吳家興說著：「昨天我們陪爺爺去醫院，做身體檢查，又打點滴，看他很疲憊的樣子，有時候與我們講話都會睡著。這就表示身體已經大不如前了。」

「那早晨在庭園中散步，他的體力行嗎？」我問。

「在爬坡時有點力不從心，走幾步就要停下來。」吳家興說：「以前爺爺走路健步如飛，現在已經退步了。」

「這幾天與你爺爺在一起，有沒有談到什麼有趣的事情？」我總是想引起他談話的動機。

「有的。這幾天我與爺爺談到交女朋友的事情。爺爺也談到年輕時候，曾經有暗戀過一個女孩子的事。」

「你爺爺怎麼說？」我很高興找到談話的話題。

「他倒沒有說那段往事的經過。」吳家興說：「爺爺告訴我，交女朋友要多交幾個，才有選擇的機會，同時希望我們把女朋友，邀請回家與爺爺談談，爺爺會幫我們選擇較好的女孩。」

「在交女朋友方面，你爺爺又說些什麼？」

「爺爺還告訴我們，感情的事不要陷入太深。因為陷入感情的漩渦中是很難自拔的。同時，他也警告我們，不能玩弄別人的感情。玩弄情感者，猶如玩火者常會自焚的。」

坐在吳家的客廳中，傾聽著年輕的吳家興談著，這位年

輕人思想的敏銳，談吐自如，讓我想到強將手下無弱兵，企業家的後代假以時日，定有所成。這位年輕人接著說：「今天早上，我的爺爺為我繫鞋帶，並教我如何才能繫好一雙鞋帶，我感到很不好意思。」

「繫鞋帶？」我感到有趣，一個已經快二十歲的青年，竟然還要別人為他繫鞋帶。

「早上我們要與爺爺出去散步時，我爺爺看到我的鞋帶沒綁好，要我把鞋子脫下來，並要我重新繫一次。」我按照爺爺的意思，重新繫著，爺爺又說：「這種繫法不牢靠。」就教我幾種繫鞋帶的方法，真沒想到鞋帶可有那麼多繫法。

當爺爺教我繫鞋帶時，談到他像我這種年齡時，已經到處去做生意了。以前他當過各種小販，賣過掃帚、賣過甘蔗、花生、賣布，還做過各種工人，當時為了買賣花生，必須用繩子綁布袋嘴，綁的時候也有不同的方法，同樣的一條帶子，為了各種不相同的用途，綁著各種不相同的結，練就了一身綁帶子的功夫。

爺爺說：「不要忽略一條帶子的綁法，繩子沒綁好就有可能出問題；比如說，裝花生的布袋口，帶子沒綁牢，花生露出來。鞋帶沒綁好，人被鞋帶絆倒了。所以要好好練習繫鞋帶。從這種綁鞋帶的小事件中，就是提醒我們，任何一件事情，都必須謹慎的處理，不可因小失大。」

從吳家興的敘述中，我終於了解了，吳董事長在從事一種生活教育，透過一條鞋帶的繫法，說出了許多道理，間接的談到吳董事長年輕時的奮鬥過程，讓孫子在很自然的情況中，了解上一代的人是如何的艱辛奮鬥。

教育哲學家杜威說：「教育就是一種生活。」在教導小孩子的過程中，必須以生活中的事物來引導他們是最實際的，也最能產生效果。吳董事長的生活經驗中，很懂得生活教育，教導孩子時，是掌握了機會，很自然的傳遞他的經驗。

「假如以你與爺爺相處的經驗中，你最想告訴爺爺的話是什麼？」我又提出了一個問題。

「我想。現在我的爺爺是富有的。擁有那麼多的資產，但這些資產使他放心不下，他現在每天還在勞心，還要跑到公司去看一看。其實，爺爺已經七十多歲了，他可好好的照顧自己的身體，不必再去操勞商場的事情。」吳家興說著：「我倒希望爺爺好好休息，養好身體才是當務之急。」

聽完吳家興的這一席話，我想到有一天我與吳董事長閒聊時，我看到他那麼疲憊，在我們的談話中，他竟然睡著了。於是，我奉勸他多休息，不必再煩惱公司的業務。那時我借用一句諺語「巧的顧身體，戇的顧傢伙。」來說。想不到吳董事長，隨口說出：「這句話我到了六十八歲，才深深的體會到。」

講到這句話後，我們倆人沉默了好久。

當我走出吳家的別墅時，我們看到置放在大門旁的一些蛇瓜與絲瓜，陳慧芬小姐問我說要不要拿一些回來煮，是自己種的又無農藥，與我一起去做拜訪的內人，笑著說：「不好意思。」

「沒有關係，只要不嫌棄就好了。」陳慧芬小姐遞給內人一些蛇瓜，內人沒有再推辭了。

　　吳家興說要再陪他爺爺到醫院去打針，已經消失在他家的門口了。

　　告別了吳家，在回程的路上，我又想起吳家牆上，那一幅書法「一切有為法，如夢幻泡影，如露亦如電，應作如是觀。」

第十八章　甜蜜與哀愁的歡送茶會

台諺：「有好心才有好報，有好頭才有好尾；做好代誌才會有好收煞。」

台諺：「人兩腳，錢四腳。」

二〇〇一年八月卅一日，在全興工業公司，服務滿四十一年的謝錫賢經理，申請退休，公司為了答謝謝經理，一生都奉獻給全興公司，特別為謝經理舉辦歡送茶會，在茶會的現場中，有喜悅、有離愁、有歡樂、有感傷、也充滿感恩，該算是一場美麗與哀愁交雜的歡送茶會。

八月三十一日下午五點鐘，在全興公司的員工聯誼中心，準備了許多點心與雞尾酒會，從各生產單位下班的全興員工，三三兩兩的步入聯誼中心，相互的交談著，當謝經理與其家人走入聯誼中心，掌聲淹沒了彼此談心的話語，許多人走向謝經理身旁，向他恭喜並問候其家人。

聯誼中心的室內前方懸掛著，一條橫式的紅布，上面寫著「謝錫賢經理榮退歡送茶會」，紅布條下的桌上，置放著許多匾額、鮮花與紀念品，左方有正在準備播放音樂與調製飲料的吧台，這是一間為員工的聯誼活動，所設計的空間。有卡拉OK的設備。現場有人開始在架設錄影機，有人準備點唱歌謠，員工紛紛邀請謝錫賢經理合照紀念，鎂光燈明明滅滅的閃著，有一些員工坐在桌椅前聊天，這該是下班後休閒的時刻。

　　「總裁好！」突然間室內響起很大的問候聲，吳聰其董事長，在陳特助富澄先生及林英眞小姐的陪同下，走入了歡送會場，吳董事長向謝經理家人問候之後，司儀拿著麥克風說：「請各位就座，我們的歡送會就要開始了。」當員工坐定後，司儀介紹貴賓後，歡送會就開始了。

　　首先由吳董事長致詞：「謝媽媽、謝太太及謝先生的家族的先生、小姐，以及來參加歡送會的同仁大家好。今仔日眞歡喜，嘛感覺眞可惜，在全興關係企業服務滿四十一年的謝經理要退休了。咱在此爲他辦歡送會，使我想起四十多年前的往事。」講話很客氣又很實在的吳董事長說：「四十一年前，有一天有三個國小剛畢業的孩子，到工廠來說要應徵做『師仔工』，這三個人一個叫謝火爐、一位叫吳式南、另外一位就是謝錫賢經理。那時候他們三人說因是農家子弟，沒錢升學，而他們很想讀書，想用半工半讀的方式來完成學業。那時我看到這三位孩子很可愛，又有上進心，就接受了他們。但後來只有謝錫賢留下來，與我共同打拼，另外兩人都自己出去創業了。」吳董事長陷入了沉思中。

　　稍停了片刻後，吳董事長繼續說：「謝經理嚴格講，並不是眞勢亦毋是眞巧，但是伊做人眞誠懇、講信用、老實，實在眞古意。只知影付出，規規矩矩做事，又閣樂觀沒憂愁。當初入來工廠時，我一個月乎伊一百五十元的零用錢。伊老爸知影了後，閣將錢提來還，提米、掠雞來送我，講學『師仔工』無包先生禮眞歹細，袂使閣提錢。我加伊講這不是薪水，是乎伊所費，做工課後愛食點心。」

　　講台灣話的董事長，令人感到親切，講話平平淡淡，但

都陳述事實，他又說：「人做夥愛有感情，朋友愛坦誠，袂計較。謝經理就是這款人，現在育有兩男兩女，家庭眞幸福。今仔日謝經理說要退休，若卡早我會挽留他，但是我即馬祝福他，伊拼半世紀了，可以休息去享受了，過著自己的生活。像我從小家庭困苦，做工、播田、割稻仔、做生理……，無暝無日，到今仔日身體拍歹了，到處去找醫生，檢查無出病因，靠著食藥仔維持生命。心情閣有一些不如意，受到各種折磨。我攏一直想講，無一定是前世欠人，這世人來拖磨還人。所以，咱做人愛規矩，做任何事要爲對方想，不要計較。我即馬過一日算一日，感謝各位長久以來爲『全興』打拼。再次用『有好心才有好報，有好頭才有好尾；做好代誌才會有好收煞。』來合大家共同勉勵。」

緊接著頒發紀念品，除了公司的贈品外，吳董事長從上衣口袋掏出一個紅包說：「今天爲了感謝謝經理，與全興公司共成長，除了退休金外，我們準備新台幣五十萬元的支票做紅包，表示一點謝意。談到錢使我想起一句俗話說：『人兩腳錢四腳』意思是說：刻意要賺錢有時是痛苦的，錢財要強求是困難的。若錢要跟你自然就能得到的。這是我這一生的體驗，提出來供各位參考。再次感謝謝經理與各位同仁爲全興打拼。敬祝各位健康快樂！」

吳董事長送完紀念品後，各個相關單位也紛紛送上各種禮物。研發本部張有陽協理，代表致贈寫有「功在研發」的匾額。開發部全體同仁也贈送「一帆風順」匾額，由江森鉦副理代表致贈。

「萬事如意」的匾額由技術部課長丁百村先生致送。

　　王友邦與田桂芬伉儷，致送刻有「良師」的匾額，感謝謝經理的教導。葉嘉勇先生也送上「惜緣」的匾額；吳麗如小姐送上了鮮花。會場上充滿著令人感動的氣氛。

　　謝錫賢經理接過所有禮物，四十一年的「全興」歲月，點滴在心頭，他望著這些可愛的同仁，又看著吳董事長紅包上的提字「謝錫賢經理榮退紀念：功在全興，全興視爲至寶。欣此榮退，誠摯祝福。生活美滿幸福，萬事順心如意。吳聰其敬賀。」

　　民國三十六年出生在和美鎮的謝錫賢，於民國四十九年四月一日，進入全興當「師仔工」，到民國九十年八月三十一日退休，共有四十一年的時間，在全興公司工作。進公司那年的七月考入彰化高工初級部夜間部，於民國五十二年畢業，同年又考上高級部夜間部，到了民國五十五年畢業，到如今他還記得當年教過他的老師邱耀筆、許炳然、李景臣、周桂榮……等人。是一位常懷感恩之心的人。

　　在歡送會上，他說：「吳董事長、各位同仁：感謝各位來參加我退休的歡送會。我在全興的四十一年五個月間，承蒙董事長的牽成，同事們的愛護，使我這個田庄囝仔，才有今天的日子。全興企業是一個有情有義的團體，這種溫馨的全興文化，將使我畢生難忘。當年我跟三位夥伴進入全興公司以後，董事長伉儷就把我們當成孩子，每個月給我們零用錢，又煮飯給我們吃，晚上讀夜間部回來，還爲我們準備點心，偶爾還爲我們進補，照顧我們無微不至。」停頓了一會兒，謝經理繼續說。

　　「民國五十七年一月七日我入伍，到民國五十九年一月十

六日退伍，這段期間董事長每個月還無條件給我三百元的零用錢，當時我在軍中的薪餉每個月約一百元。我在大林訓練中心，前八週訓練在崎頂、後八週在中坑，董事長伉儷還去會客，記得下部隊在后里，約半年後我患了盲腸炎，住進八〇三醫院開刀，董事長伉儷還載著我母親與家人去看我，眞令我感動。」

　　身材矮矮略有一點胖的謝經理，敘述著過去的往事，他的記性特別好，時間地點都講得很清楚，緊接著他又說：「當我要退伍前，董事長對我說：阿賢退伍以後再回公司吧！共同爲事業來努力，我有飯吃你就有、我有房子你也一定有。」沒有第二句話，我又回公司服務了。

　　民國五十九年，謝錫賢二十四歲，吳董事長夫人，到處爲謝錫賢尋找對象，就好像自己要娶媳婦一樣，終於在永靖街上找到了蕭碧珠小姐，與謝錫賢同年齡的蕭小姐，在瑞成冷凍冰廠做會計，在吳夫人的介紹下，終於成爲謝夫人。

　　民國六十年謝錫賢的孩子出生時，吳夫人還爲謝太太「做月內」；吳董事長交代謝錫賢拿來身分證件，在彰化市建寶莊七十五巷八巷十二之二號，以三十萬新台幣買了一棟房子，送給了謝錫賢先生，使謝錫賢能安心於工作。

　　做事一向專心，有時爲了趕工常日以繼夜工作的謝錫賢，常常記起「食人一斤，愛還人八兩」的俗語，但他不知道要送給董事長伉儷什麼？只好全心全力投入工作中。於是從一個工人，升任課長，民國六十三年升任品管室主任、民國六十六年升任副廠長、六十八年升任廠長。全興公司爲了借重他的技術，他在民國八十四至八十五年，請他到新豐工

廠當協理。民國八十六年再回到全興公司當研發本部經理。

　　歡送會在熱鬧氣氛中進行，有些同事已經開始唱起卡拉Ｏ
Ｋ，吃著各種點心。我也跑去與謝錫賢先生聊天，我問起他與
董事長相處的情形，他告訴我說：「對了，有一件事，值得一
提。民國七十二年時，董事長買給我開的一輛喜美汽車，我開出去以後遺失了。我感到內疚去告訴董事長，他沒有一
句責備。」

　　約有兩個多鐘頭，我坐在全興公司員工的聯誼中心，觀
察著這些員工的互動，我發現這是一家充滿溫馨的大家園，
大家其樂融融。吳董事長的大媳婦顏姿玉女士也參與這個活
動，來工廠打工的吳董事長的孫子吳泰興與吳冠興也都在
場，與員工共同歡樂。

　　最後我請教了謝經理為什麼要退休，他說：「年紀大
了，體力差。必須把工作讓給年輕人。」

　　「你在吳董事長身邊四十多年，學到什麼？」我問。

　　「吳董事長是一位老實又誠懇的人。我從他的身上學到實
事求是的精神；他講信用，只要是他說過就決定了，是一諾
千金的人。做事情講求效率，任何事要知道為何而做，工作
方法求新、求變。他做事有一切靠自己，必須有信心與決
心。對顧客的服務給廠商滿意是最好的目標。」

　　當我走出全興工業公司，夜的黑幕已經圍過來了，我想
著傍晚的這場歡送會，內心也充滿著愉悅。但我想到吳董事
長，本該享受的年紀了，卻染上一身病，使我意會到有健康
的身體，才會有愉快的心情，我想吳董事長也一定有很深的
感受。這是一場充滿甜蜜與哀愁的歡送宴會吧！

第十九章　人無千日好，花無百日紅

　　吳董事長說：「全興企業的產品如發泡類的座墊，我多能做得如此完美，為何生病的身體無法再造？」

　　箴言：「人無千日好，花無百日紅。」

　　忙於事業的人常會說：「工作都做不完了，那有時間生病。」這種人大多數是拼命型的人，他的工作比身體重要，因此，為了工作常常忽略了身體的健康。吳董事長是一位全心全力投入工作的人，從小做童工、放牛、種田、販賣花生或布料，到後來開工廠製造腳踏車零件、機車、汽車配件，都不曾生過病，有時受點風寒喝喝水，休息一下就好了。年輕時身體如果感到疲憊，頭痛或肚子絞痛時，往往煮一碗麵線或米粉湯吃下肚子，小睡片刻或休息一下就好了，因此，常常會有人說：「頭殼暈米粉神，腹肚痛麵線命。」這種病況往往是身體長久營養不良，身軀虛弱而無體力，只要吃一點東西，體力恢復後自然就好了。

　　台灣人的老祖先有句箴言：「人無千日好，花無百日紅」，告訴我們人是不會沒有病痛的。吳董事長在年輕時身體健康，壯年時又很忙碌，也無生病的紀錄，沒想到約在民國八十四年六十六歲時，常常感到體力不支，容易疲倦，手指頭感到有點不靈活，有時張口咀嚼都感到困難，慢慢的指端變成硬化，於是到處去尋找醫生，從西醫找到中醫，但沒有

一位醫師的診斷能夠確定病情的，都說病因不明。慢慢的手
掌、頸部、足部顯得硬化，有時候還會乾咳的情況。

　　民國八十六年九月，吳董事長在彰化基督教醫院，做了
皮膚切片檢查，確定爲全身性進行性硬皮症，這時才開始展
開醫療。在這之前若依其描述臨床症狀，依推測至少在前一
年，即有手掌浮腫、頭部僵硬酸痛而以頸椎疾病治療，其後
漸漸有臉部僵硬、頸部前胸、前臂漸呈硬化僵直，手指尖端
硬化潰瘍，其後有頑固性乾咳或運動性呼吸急促，這種病狀
與文獻上的硬皮症之自然病程雷同。

　　民國八十七年六月，經彰化基督教醫院郭守仁副院長介
紹吳董事長與張振沛醫生認識。當他們第一次見面時，張醫
師感到吳董事長是一位非常和善的長者，之後吳董事長就變
成張醫師的患者，往後幾乎每週有兩次見面的機會，在張醫
師的診斷醫療的印象中，吳董事長不僅是一位和善的長者，
也是一位聽話的患者，能按照醫師的處方吃藥，或做其他的
治療，張醫師說：「吳董事長是一個熱心公益的長者，在認
識吳董事長之前，全興就提供了一筆經費給基督教醫院，成
立了『全興醫學研究基金會』了，每年贊助一筆經費給彰化
基督教醫院，做爲教育研究基金。」而吳董事長認識張振沛
醫師以後，在民國八十七年十二月在彰化基督教醫院，又成
立了「硬皮症及免疫研究室」成立這個研究室的目的，依張
振沛醫師的說法是：「吳董事長因感到硬皮症患者的痛苦經
驗，希望藉此研究室的成立，以其爲實體研究對象，祈能治
癒其頑疾，進而造福其他病患。」換句話說：「吳董事長不
僅提供研究基金，同時也提供自己的身體做實驗，希望以後

的硬皮症患者，能減輕其痛苦，這種精神有地藏王菩薩的度人精神。」

民國八十七年總共贊助彰化基督教醫院教育研究基金約有新台幣六百萬元；而民國八十八年增至八百五十玖萬零九百四十八元，這些款項都用在一些研究專案上；比如：「老年人跌倒引致髖骨骨折之危險因子探討專案研究」、「肝病分析相關研究專案研究」、「短腸症候群改善研究」、「硬皮症內臟器官侵犯研究」、「建立癌症患者血清與組織標本儲存銀行專案研究」、「以血清類胰島素生長因子及其接合蛋白爲早產兒於加護病房中營養狀況之指標研究」、「早期發展危險因子研究」、「手足口病等小型計劃研究」、「全身硬皮症專題研究」……等項目很多。

基督教醫院並發文給全院醫師，就硬皮症及免疫學提出研究計畫，希望對硬皮症的發病來源、原因、症狀、療程、應注意事項等提出具體研究，並希望能對吳董事長的病史及治療計畫，包括其手腳緊繃、容易疲勞等症狀，或其心臟在爬坡、爬樓梯會喘、咳嗽等病狀提出研究與治療。

吳董事長是一位做任何事都全神投入的人，不僅從事事業如此，醫療自己的身體仍然一樣，他常對張振沛醫生說：「全興企業的產品如發泡類的座墊，我都能做得如此完美，爲何生病的身體無法再造？」從這句話中，我們發現吳董事長的積極人生，他的幽默感充滿著希望的人生觀。對於患病的身體他抱持著無限的樂觀，那種追根究底的精神，使他與張醫師研商，到新加坡、美國、中國等地去求診，希望讓國內醫師與國外研究硬皮症的醫師有所交流。

　　民國八十九年七月，吳董事長隨同張振沛醫師，在其小妹吳古月的安排下，找到UCLA洛杉磯加州大學醫院的醫師：Dr. Philip Clements 進行診斷醫療，也曾到過賓州費城的湯姆斯傑遜大學醫院（Thomas. Tesserson University），找 Dr. Sergio Timenez 醫療，同年的十二月到新加坡 Boey Mee Leng 醫院，找到 Dr. Boey MeeLeng 做檢查醫療。

　　張振沛醫師是一個負責盡職的醫生，當吳董事長要去就醫時，他事先把吳董事長的病歷整理出來，並寫明其醫療過程的診斷方法、治療方法，給外國醫師做參考，回來之後他會把外國醫師所診斷之結果整理出來：比如在洛杉磯加州大學會診的結果寫著：硬皮症整體控制良好，肺間質炎症已呈非活動狀態。因此建議每月定期化療（endoxan）可停用；現使用D-penicillamine可減劑量至 300或 150mg／日；有關慢性咳嗽，可能肇因於胃酸逆流，慢性吸入性肺炎。其診斷方法是測量食道二十四小時酸鹼值；另外，H2 breath test for bacterial overgrowth in small intestine。而使用的治療方法為：

〈一〉LANZOPRAZOLE 30MG BID

〈二〉RAISE HEAD OF BED（床頭抬高六英吋）

〈三〉高枕或使用醫院制式活動床。

　　在賓州費城的診斷結果寫著：硬皮症整體控制良好，肺間質炎症已呈非活動狀態。因此建議每月定期化療（endoxan）可停用；而指端硬化的現象（SCLERODACTYLY）改善方法：使用 D-PENICILLAMINE可增劑至 1200mg／日（每日四粒）；必須加強手部復健，避免僵化；而有關慢性咳嗽，可能肇因於肺間質炎症之神經反射，無特殊治療用藥，症狀治

療即可；可酌量增加類固醇量至10～12.5mg／日（即每日兩粒至兩粒半）。並建議每三個月評估肺功能（FVC，DLCO）一次；每六個月評估食道蠕動功能一次；每六至十二個月評估肺部電腦斷層檢查一次。同時也把各種檢驗報告仔細的研究，以便提出更有利的醫療方式。

在一次我訪問張振沛醫師時，他曾說：「硬皮症這種病到目前爲止，很難找到痊癒的藥，如果能夠控制病況不使其惡化，就可以維持其生命。」張醫師自從醫療吳董事長的病之後，自認爲把病情控制住了，只是吳董事長心有一點急，於是又去找中醫醫治，後來有一段時間服用中藥，把西藥停止了，於是造成病情的惡化，張醫師事後感到有一點遺憾：是他沒有即時勸阻吳董事長服中藥，放棄吃西藥。

在吳董事長在彰化基督教醫療硬皮症的期間中，基督教醫院於民國八十九年五月四日召開「全興彰化基督教醫學教育研究基金會」董事會時，董事吳崇儀、吳崇讓、陳富澄、黃昭聲、郭守仁、孫茂勝等人參加，會中由張振沛醫師提出了吳董事長的醫療計畫報告，以及商談一些醫學教育研究專案相關事宜。同年六月十日彰基的風濕研究室，舉辦「醫療交流會談」，參加人員有吳聰其董事長、陳富澄、張振沛、林志誠、張光慧、汪雅媚等人，會中曾研討各種交流的問題、專業醫師的邀約，並報告研究計畫摘要及預算。

其中的研究計畫有〈硬皮症併發症的防治〉此計畫談到「硬皮症病人腸子蠕動不正常，常會有很多有害細菌，造成身體不適，本系列研究中，也要探討乳酸菌等益菌如何取代有

害細菌，希望以能改變腸子叢生態的方法，來改善病人的皮膚搔癢情況。」第二個研究子題是〈治療菌血性休克有效藥物的作用機轉 N-BTYLAMINE 對 NF-KB，AF 的影響〉是研究「細菌感染後的菌血性休克，探討數種有效藥物⋯⋯」

第二十章　失去煙火夜空的孩子

台諺：「食果子愛拜樹頭，飲水愛思源。」
台諺：「一粒米，百粒汗。」

在謝錫賢經理的歡送會上，陳富澄先生介紹我認識兩位年輕人，一位是吳泰興、另一位是吳冠興，長得溫文儒雅的兩兄弟，分別坐在我的左右，緊接著陳先生又介紹一位女士，是這兩位兄弟的媽媽顏姿玉女士，是吳聰其董事長的大媳婦，也就是吳偉立（宗仁）的夫人；我們同坐在謝經理的退休歡送會上，我與這三位母子禮貌的問候之後，並未做進一步的深談，那天我與吳泰興做較長時間的交談，知道他們兩位兄弟是利用暑假期間，回到公司來實習。

當歡送茶會未開始時，我首先與吳泰興聊天，他是屬於吳聰其董事長的長孫，在台灣人的觀念中，「長孫」與「么兒」在父母親的心目中，好像會特別受寵愛，傳統的農業社會裡，兄弟在分家產時，長孫會「踏大孫」的分一些財產，這是農業社會的不成文規定吧！

民國六十八年出生的吳泰興，幼稚園讀瑪玉幼稚園，國小屬於平和國小，初級部讀精誠中學，高級部考入彰化高中，現在正就讀台北銘傳大學統計學系四年級。

從我們的交談中，直覺到吳泰興是一位肯上進，又乖巧的青年人，沒有大富家庭孩子的壞習氣，講起話來慢條斯

理，是一位善思考又負責任的年輕人。當我問起他與爺爺的生活點滴時，他思考了片刻說：「祖父一向關心我們的身體健康，祖父認爲身體是事業的基礎。因此，在很小的時候，祖父就出錢教我去學習功夫，鍛鍊出好身體，大約學了三年。」

「在你的印象中祖父是怎麼樣的一個人？」我希望知道吳泰興心中的吳董事長。

「生活很簡單，是很純樸的人。平常很慈祥，喜歡說過去的生活經驗。」吳泰興說著。

「可以說具體一點嗎？」我問。

「大約在我讀高中時，爺爺會把我們幾個孩子，集合在小木屋裏，告訴我們要如何賣糖果。然後講一些從前他賣掃帚、賣花生、賣布的往事。我想他在教我們做生意的方法，透過講做生意去說爲人處世的道理。」泰興陷入沉思當中。

「平常是否常與祖父一起生活？」我問。

「我們幾個做孫子的，有一段日子在早晨的時間，會陪爺爺做運動，早上五點多鐘就起床，陪爺爺去跑步，跑到彰化高商去，做做早操、再跑回來。爺爺生病後，就只在家的附近散步，放假回來時，我會抽空去陪爺爺散步。我與爺爺雖然沒住在一起，但距離很近，只是隔了一棟房子。只是現在到台北去讀書了，沒有假期是無法陪爺爺了。」

「啊！你到公司來學習，爺爺有沒有交待什麼？」我又提出了問題。

泰興笑著說：「爺爺交代不可給公司添麻煩，一切事情都按部就班去做。有一次我爲了工作，沒有吃飯。爺爺立刻

叫人送飯給我吃，爺爺做事一向是嚴格行事。」

斷斷續續與泰興的交談中，歡迎會也過去了一段時間，與會的員工開始吃點心，我怕影響泰興吃飯時間，我就請他們兄弟先留給我手機電話，我要找時間與他深談，留下電話後，彼此都去拿點心，撿了一些東西後，我們又重回原來的位子，開始吃東西後，泰興又對我說：「剛搬到山上來住的時候，我們會在節慶的日子中放煙火，在這個山上放煙火，夜裡的天空是很燦爛，那種類似仙女散花的煙火，能讓欣賞者如醉如癡的望著，到如今煙火在我心靈裏，是一種美麗又醉人的記憶，那時的爺爺也一起與我們放煙火。自從曾祖母辭世那年，山上就沒有再放煙火了。爺爺是一位很孝順的孩子，曾祖母去逝後，他悶悶不樂，我們也知道他沉痛的心情，因此，我們山上的家，就沒有再施放過煙火了，直到如今也沒有人會再提起放煙火的事了。」

謝經理退休的歡送會中，我與泰興談到他小時候的生活點滴，談到他與爺爺的生活記憶；記憶有時眞像長長的鐵軌，帶著人走入回憶的長廊裡，有時歡笑、有時感傷。

經過了三個星期後，我想再約吳冠興見面，聊聊他與爺爺在一起生活的情形，可是他們已經開學了，課業的壓力使他撥不出時間，假日時他又要去看生病的爺爺，於是我用電話訪問了吳冠興。民國七十年出生的吳冠興現在正就讀大葉大學自動化學系。他說：「小時候，大家都說我的長像最像我的爺爺，因此，我爺爺載我出去玩時，總會很得意的告訴他的朋友，特別介紹我很像他，那種滿足而快樂的神情，是我印象最深刻的。當我開始讀書時，爺爺雖然很忙，卻很關

心我的成績。記得成績單發回來時，成績好時就會獎勵我，不僅勉勵我還會給我一些零用錢，成績不理想時，他會鼓勵我再接再勵，也常陪我讀書，爺爺的事業雖然忙，總是關心著我們。」講話慢條斯理的吳冠興說完以後，我就拜託他請弟弟吳建興來與我聊聊。

民國七十一年出生的吳建興，現在就讀建國技術學院電子科，他告訴我說：「小時候：爺爺帶我們回鄉下去玩時，都會帶著我們到河邊去釣魚、抓螃蟹，有時帶著我們去鹿港玩，看福鹿溪划龍舟競賽。又會講一些鹿港的故事，還會說一些他年輕時，在鹿港賣掃帚、賣甘蔗的往事，那時候我們很難想像，爺爺小時候那麼貧窮，是如何度過的。一面講、一面鼓勵我要認真讀書。」停止了片刻後，我又問：「在你的記憶中，你爺爺給你的印象如何？」

「在我的感覺中，表面上看起來，爺爺有嚴肅的外表，卻懷著慈祥的心腸，做事情講究效率。要我們不懂的事情就要問。凡事要弄清楚、話要講明白。我們小時候，在中秋節時，帶我們在山上放煙火，那些美麗的煙火，是我童年甜美的記憶。」建興雖然我不曾見過面，但在談吐的過程中，是一位有教養的孩子，於是，我又請他找他的妹妹吳佳純來聽電話。

民國七十二年出生的吳佳純，現在就讀員林高中，我先與她聊一些學校的事情，談孔建國校長的辦學精神，老師的教學方法，我又問她：「今年你們學校暑期辦的文藝營，有沒有去參加？」

她說：「有。」我說：「那你就就聽過我上課了？」

「我只記得有蕭蕭的課。」吳佳純笑著說。

「對啊！今年蕭蕭講詩、我講散文、林雙不講小說。」我說：「蕭蕭的講義有現代詩特質、現代詩遊戲兩個單元，林雙不的講題是《先民的腳步——台灣小說發展》、另附資料『台灣文學：小說篇』，而我的講題是《從唯情到入世——散文的創作與欣賞》、我又有資料賴和的〈城〉、洪醒夫的〈秧船印象〉、康原的〈山澗無事聽鳥啼〉……等」我盡量想恢復她上課的印象，希望她能暢快的談他對爺爺的記憶。

「對、對好像有。」她若有所悟的說。

「其實，今天我要與你談你爺爺的事情。」我就開門見山的說：「在你的記憶中，你的爺爺與你們在一起，什麼事情讓你的記憶最深刻？」

「小時候，我在全興幼兒學苑讀書時，爺爺跟奶奶都會去學苑看我，又陪我們一起玩遊戲。這家幼稚園是我們自己開的，而爺爺把全興幼兒學苑的孩子都看做自己的孫子，幼兒學苑的孩子都喊他爺爺。」這位小女生，我雖然沒見過面，講起話來很懂事又有禮貌，緊接著她又說：「爺爺很疼我，小時候都帶我去公司玩，坐爺爺的車，一家工廠繞完以後，又到另外一個工廠。」

「那妳讀國小以後還有什麼最深刻的記憶？」我又發問了。

「每年去掃墓時，我都坐爺爺的車，一邊走一邊講故事給我們聽。也講清明節的由來，講完後教我們要慎終追遠。說『食果子愛拜樹頭，人愛飲水思源』，那時後，我們總是跟著家人拜祖先的墓。」佳純又說：「每年中秋節，也都帶著我

們在山上放煙火。但現在爺爺身體不如從前了，我有空只能去陪爺爺聊天，他總是還關心我們的成績，勉勵我要努力讀書。」

與吳董事長的這些孫子談完掛斷電話之後，我又找吳董事長的大媳婦，請教他對她公公的印象。

吳聰其董事長的大媳婦顏姿玉女士，民國六十八年與吳偉立先生結婚，為吳家生下了三男一女。讀彰化高商畢業後，再考入建國商專就讀，商專畢業後插班進入逢甲大學經濟系，畢業後入台中企業銀行上班，結婚後回全興公司擔任會計工作，現在還在全興公司工作。他告訴我說：「在自己的公司上班，在公司是公公的職員，一切事情必須公事公辦，而董事長的要求很嚴格；比如說：以前記帳用筆寫時，數字要求整齊，三位撇要撇清楚，做任何事要按部就班，不能馬虎。」

「那在家呢？」我問。

「在家我公公是一位很明理的長輩，很疼惜自己的媳婦；比如說：我懷孕時，有時候在拖地板時，他會說：地板還很乾淨不須每天擦，還說拿東西不要勉強，要注意自己的健康。是很會體貼別人的長輩。又是一位很節儉的人，常常說：『一粒米，百粒汗』，要我們珍惜食物，不可以浪費。」

聽完顏姿玉女士，對吳聰其董事長的尊敬，想起好幾次在全興公司與她碰面的情況，當時我還不知道他是董事長的媳婦，在謝錫賢經理的歡送會上，經陳富澄先生介紹後，與其交談，略知她也是一位親切、能幹的全興幹部，於是我說：「是不是可以幫我約一下其夫君吳偉立先生，我想去拜訪他、

訪問他。」

　　於是顏姿玉女士說：「今晚我先生有事，還未回來。晚上回來後，我會轉告他，我給你他上班公司的電話，明天直接打電話給他，與他約時間。」

　　我抄下了吳偉立先生的電話，準備拜訪吳董事長的長子。

　　民國九十年九月二十四日早晨八點半，我到達彰化市中正路「全興保健器材股份有限公司」，去拜訪吳偉立先生，但公司的職員說吳董事長還未到，打電話到他家去，說已經出來了。於是公司職員請我進去辦公室坐，我說明來訪的事情之後，職員告訴我說：「我們董事長，早上已進來公司後又出去了，他沒有帶手機的習慣，不知道幾點再進來了。我們董事長是一位注重自主的人，以人性化的方法來管理員工，他強調自由自在的過日子，讓員工有自己發展的空間。」

　　坐了約半個小時，喝完一杯咖啡之後，我也知道吳偉立先生的這家公司，是以製造汽車零件的專業技術，來做為全興保健贏得顧客的信賴。他們所製造的健康器材，講求安全第一，舒適第一的銷售觀念，來提供周全的服務，並擁有完善的輪椅式樣，全興保健以堅固、保護、信實、責任為信念，可算是醫療復健的最佳輔助師。

　　走出了全興保健器材股份有限公司，我對這位陪我聊天的職員說：「改天我再來拜訪吳董事長。」我留下一張名片，走出了中正路旁的公司。

　　遇到吳偉立先生十月七日的晚上，那天晚上我約吳崇儀先生做訪問，到吳董事長的家門前，遇到他的大媳婦顏姿玉

與吳偉立在談話，隨後我詢問顏女士說：「剛才那位是不是你的先生？」她說：「你們還沒有見過面嗎？」我就說了前幾天沒找到他的情況。於是我就向前向他問候，與吳偉立先生談了一會兒。

在漆黑的夜色中，微弱的路燈看不出吳先生的表情，但語氣中充滿著一種悲淒。彼此沉默了一段時間後。

吳偉立突然說：「其實聽說你要來談我父親時，我想了一些幼年時的往事，但日子久了又忘了。倒是有一件事，使我的記憶很深刻。」

「什麼事？」我有一點迫不及待的問。

「我父親是一個知道感恩的人。」吳偉立若有所思的說：「每年清明節，我們總要回鄉下掃墓，我總是跟家人一起回去，在沒回故鄉掃墓以前，總會帶我們到八卦山上，去祭拜一位親戚的墓園。後來我們才知道這位親戚，在父親小時候，曾經照顧過他，然而數十年來如一日。父親用一種感恩的心去追思這位長輩。嚴格來說：我父親是嚴以律己，寬以待人。一生為自己的事業在忙碌。我認為父親是一個平凡人，在奮鬥的歷程中，有一些為人處世，倒是可以去記錄，可讓閱讀的人得到一些啟示，他奮鬥的過程，確實有許多事情可當為典範，他的成功也有一些傳奇，只是不要把他塑造成多偉大的人物。」

「其實人的偉大，不只是在於成功的事業。在生活中一些為人處世的方法，也可當為典範；社會上有許多小故事都蘊藏著道理。令尊的行事風格獨樹一格，是值得書寫的，留傳下來給後代來學習。」我也提出一點看法。

　　這一夜，我與吳偉立的交談，只是短暫的時間，我發現吳偉立先生，帶點藝術家的氣質，因事先與崇儀有約。於是就結束了這一次的訪談。

　　經過了一段日子，我又去拜訪吳偉立先生，我們找了一家咖啡屋，無所不談的聊著，從他小時候在鄉下讀幼稚園講起，那時他還住在福興的鄉下，必須走一段舖滿石頭的路去上學校，後來他的父親就買一輛腳踏車，到了國小一年級才轉到彰化市的平和國小。

　　偉立上了國小以後，父親常會叫他去雜貨店買東西，幾乎每次父親都拿一百元給他，而找回的零錢，父親就說：「給你當零用錢。」這件事永遠記在偉立的心靈裡，另外家裡的電燈或其他的東西壞了，都會叫偉立去修理。有時間也會陪偉立做功課，還會教偉立練習寫書法，摹寫一位書法家送的一幅對聯，因此，偉立的書法和畫圖在學校參加比賽都曾經獲獎。

　　在偉立的記憶中，他的父親做任何事情，都好像快人一步；比如：小時候在鄉下時，村莊中是他家最早裝電燈與收音機，搬到彰化市時就從高雄大新百貨買來了大銀幕的電視；很早他爸爸就騎了一輛西德製的摩托車，做事總是先人一步，喜歡嘗試新鮮的事情，是頗具開發性格的人。

　　另還有一件事情是偉立難以忘懷的，就是從小到父親去世前，每年都還收到父親給的壓歲錢，每年至少有六千元，每年拿到這些壓歲錢，偉立都分別捐贈給慈善機構：比如彰化家扶中心、中華民國傷殘基金會、台北愛盲文教基金會、中視愛心專戶、伊甸社會福利基金會、紅十字會………等，

錢雖然不多，偉立希望把父親給予的一份父愛，分獻給天下不幸的人，為自己父親添一些功德。

從早上談到中午，我了解吳偉立先生喜歡創作歌曲，也談到了一些經營的理念。吳偉立說：「父親在一九八○年派我到日本東京シ丨卜株式會社去見習將近三年。在這三年中，我也學會了一些經營管理的方法。」在他的言談中，我還是發現吳偉立先生是一個注重人的獨立性、注重改善提案與物料管理的人。

後來他還與我談到一些創作的觀念，還在他的車上放了一些他創作的歌曲讓我欣賞，還談到為他父親寫「無限的追思」的創作心情。整個早上我們無所不談，因時間的關係，結束了我的訪談。

當我告別吳偉立先生後，想到他創作的一首歌〈離愁〉：「往日歡笑在眼前，點點滴滴在心頭，好多故事藏心底，無限回憶難以排遣。曾經滄海難為水，除卻巫山不是雲，美妙世界都是你，幻化無數艷麗彩蝶。時光悠忽，迷矇的過，幕幕隨風流轉而逝，如今人事已非，何時再回身邊，只是留下那點點的離愁……」

第二十一章　家園前的晨曦

楊英風：「在堅苦卓絕中打下根基，建立於紮實的基業，更奮而向前飛耀，奔騰以求取更出類拔萃之豐碩成就。」

俗話說：「看平平，摸坎坎坷坷。」

清晨被鳥聲叫醒的吳董事長，從睡夢中爬起，盥洗完畢後按照平常的習慣，穿好運動衫與步鞋，走出了室內，在家門口的平台上，望著池中的鯉魚群，悠悠蕩蕩的在水中遊著。他深深的吸了一口新鮮空氣，望一望東邊的山崗上，太陽已經探出頭來，陽光穿過樹梢溜入了庭園中。

一九八四年楊英風大師在庭園中，所雕塑的「奔騰」巨大作品，靜靜的轟立在園中，作品上寫著「在堅苦卓絕中打下根基，建立於紮實的基業，更奮而向前飛耀，奔騰以求取更出類拔萃之豐碩成就。」這段帶著鼓勵性質又頗具創業信心的警句文字，常常存在吳聰其董事長的心中，一個靠白手起家的人，創業過程真不是三言兩語可以道盡的，套一句俗話說：「看平平，摸坎坎坷坷。」很少人知道當年吳董事長創業過程，憑著「猴齊天，七十二變。」的本事，創造出全興關係企業。

走在庭園中，欣賞著茶花、桃花、李花、含笑花，又有大王椰子、樟樹、松樹、夾竹桃，高高的木棉花也入列其中，這片庭園是吳董事長清晨都必須巡視一番的場景，當初

之所以邀請楊英風來設計這片家園，是因爲欣賞楊英風的作品，是鄉土、寫實又具草根氣息，其作品又有現代、抽象的民族風味。或許楊英風也具備克勤克儉的精神，這種精神正是台灣人共同的精神象徵。

在鄉下長大的吳聰其董事長，是熱愛大自然，是屬於自然界的，自然回到混沌未開、萬物合一的起源，追求物我交融的感情融合，所以造園中講求「天人合一」的情境，楊英風的設計正好與吳董事長的心情是一致的。

庭園中走一圈後，吳董事長就在剛進大門右側的座椅上，小坐片刻看著園中特別設計的那一盞盞燈，然後按著習慣，步出大門。在大門邊也是楊英風的作品「晨曦」，刻著「晨曦透過一棵高聳、屹立之參天古木，而放射出無限的光芒，在壯碩堅毅的氣勢中，穩健地向上昇展。」望著這個高高的造型，寓著當年全興正如旭日東昇，充滿著蓬勃的希望與朝氣。想著剛剛搬上來的山居日子，自己的身體還很健壯，每天清晨都在山崗上慢跑運動，只不過是十幾年而已，如今身體大不如前，眞是歲月不饒人的明證。

一生都不曾停止工作的吳董事長，深信「活動」就是說：「人要活著都必須動。有句俗話說：『有人坐死，無人做死』還是勸人勤於工作。」因此，身體有病的吳董事長，仍然堅持天天在山上散步，呼吸一些新鮮空氣，透過自然景色的洗禮，忘去一些塵世的憂慮。

沿著自宅左前方的一條小路，往下坡的方向走去，遇到鄰居的老友也來散步，幾句閒話家常後，比肩的走著。生病的吳董事長，不能像以前健步如飛，走走停停著。筆者也隨

在吳董事長的身旁，望著一片綠油油的斜坡草地，我請教吳董事長說：「這片斜坡做什麼用？」

「喔！是供給全興幼兒學苑的小朋友，做滑草用的。」吳董事長說：「這個園區一些設計都是供給小朋友活動與學習用，小孩子必須有寬廣、安全的活動設施，那些小木屋都是一間間教室。下課時小朋友，由老師帶出來遊戲。」我們邊走邊談著，談一些對幼兒學苑的想法。

走到有一間題名「東坡居」的房屋前，這棟造型獨特的房屋，是運用大的貨櫃屋建造而成，是供學苑中的孩子，做為各種課業輔導之用。對於取名「東坡居」當然有一種懷古的情懷，我想是學習東坡突破傳統的精神。蘇東坡又是一位有傑出才能，又是創造力很強的詩人，若來此受教的學生，能有蘇東坡的成就，也是他們所寄望的吧！

我們打開「東坡居」的門，進入房中。吳董事長介紹著，為了建造這棟屋子所用的苦心，但如今卻不用了，屋子空在那裏，只有一些課桌椅疊在一起，我看到吳董事長一臉無奈的表情，用一種婉惜的語氣說：「要建設很困難，若要放著荒廢很快。可惜……可惜……。」

走出「東坡居」屋外，看到吳董事長若有所思，我揣測著他的心情時，我的內心卻浮出蘇東坡「念奴嬌」（赤壁懷古）：「大江東去，浪淘盡，千古風流人物。故壘西邊人道是，三國、周郎、赤壁。亂石崩雲，驚濤裂岸，捲起千堆雪。江山如畫，一時多少豪傑。遙想公瑾當年，小喬初嫁了，雄姿英發。羽扇綸巾，談笑間，強虜灰飛煙滅。故國神遊，多情應笑我，早生華髮。人生如夢，一尊還酹江月。」

詞中表現出懷古的情懷，也有一份的傷今。我想吳董事長面對著「東坡居」的現況，可能也有蘇東坡相同心情吧！

繞了一圈後又是上坡的路，走幾步吳董事長就停下來，想繼續走卻身不由己，力不從心了，短短的坡道停了兩三次，他的身上開始流出了汗，又到了平坦的路段，我們發現到了路旁塑有牛與車的路段，又折回吳董事長的住宅處，往往返返已繞了五圈了，最後一圈又走到全興幼兒學苑的門口。

走進教室裡看了一下，又轉出來，我又在公佈欄看到幾首「囝仔詩」，一首〈五日節〉寫著——

> 五日節，來阮兜
> 肉粽、粿粽攏有包
> 雄黃酒、準備幾羅罐
> 桌頂放甲全書包
> 也有虎的也有貓
> 不驚無聊不驚腹肚枵
> 若欲去看龍船
> 就來去大圳溝

還有一首〈落大雨〉寫著——
> 露螺露螺去散步
> 行到田岸路
> 雄雄落大雨
> 欲走嫌傷慢

不走欲宓佗

「著著著！夯一片樹仔葉。」

「不著不著不著！縮入厝內底等雨。」

我們看完這些寫在公佈欄的囝仔詩後，就走回吳董事長的住處。

進入庭園內，一方面欣賞這些花樹，一方面請教吳董事長，這一些花與樹的名字，並在石椅上小坐一會兒。片刻後吳董事長，邀我進入他家的客廳中，坐在客廳的古木椅上，牆壁上有楊英風先生的浮雕作品，讓我記憶最深的一首〈月梅〉的詩，浮雕在一面牆上——

數枝姑射鬥嬋娟

疏影分明不夜天

散卻廣寒宮裏桂

春光長滿玉堂前

這是一首元僧詠梅的詩，詩後落款寫著「甲子年英風雕於靜觀盧」。

楊英風是一位具有成就的藝術家，藝評家謝里法曾說：「楊英風是最本土的意識形態，最前衛的藝術理念的藝術家。」看他的作品常發現雖然是西方的造型，卻蘊涵著東方的哲思。

吳董事長最欣賞楊英風的藝術成就，因此住家到處有楊英風先生的作品，整個房屋中、庭園裏，有詩與畫的境界，

寬闊的庭園，是吳董事長休閒活動、思考回憶的好地方。

除了在庭園散步外，全興幼兒學苑北側梅芳的家，也是吳董事長喜歡駐足的地方，每次散步到梅芳家，都會小坐片刻喝一杯開水再走。談起這位梅芳女士，是董事長女兒玉美的國中同學，而她的另一半陳富澄先生是董事長的特別助理，平時為董事長處理事務，也是全興公司的重要幹部。

畢業於屏東慈惠護專的楊梅芳，民國六十五年畢業後，進入彰化基督教醫院服務，歷經內科、急診室、護理部、洗腎中心、內科超音波等護士工作，如今在影像醫學部工作。約在民國六十九年，她擔任夜班護理長時，玉美的表姊夫受傷到醫院就醫，巧遇同學玉美，兩人再開始又交往。民國七十一年左右，梅芳常到平和國小去打網球，常經過玉美家，有時跑到玉美家去聊天，認識了吳董事長，也常向吳董事長請安，經過一段交往後，吳董事長視梅芳為自己的女兒，梅芳也把董事長視為自己的父親。

玉美結婚後，活潑又善解人意的梅芳，吳董事長認梅芳為乾女兒，搬入吳家居住，直到民國七十二年，梅芳與富澄結婚，才搬出了吳董事長的家，隨後富澄也由銀行進入全興公司工作，與吳董事長互動頻繁，梅芳也像女兒一樣的孝敬吳家的長輩。又因為身為護士，吳家的老人生病，都由梅芳協助處理，比如吳董事長的父母親晚年生病時，梅芳也都全力去照顧他們，贏得老人家的心，把梅芳看成了自己的孫子。

梅芳與吳家經過了二十年的交往，順理成章的變為吳家的成員，寬以待人的吳董事長，就把全興幼兒學苑北側的房

子，登記爲梅芳的名下。民國八十四年，吳董事長染上了硬皮症，這種病例一般都侵犯女性，沒想到竟然生在吳董事長的身上。這種免疫系統異常的病變，給吳董事長帶來了困擾，到處去尋找醫生，具有醫療常識的梅芳，充當起吳董事長的家庭護士。生病之後的吳董事長，被這種病纏身，內心感到非常的痛苦，也就常常請教梅芳一些醫療上的問題，訴說用藥的方式，了解病情與心理的梅芳，無形中變成了吳董事長傾訴的對象，因此，每天散步都會走向梅芳的家，聽她說一些醫療常識；同時也能聽到一些安慰吳董事長的話語。

　　如今吳董事長選擇住在山上，只求得一份寧靜生活，奈何天不從人願，可以享受天倫之樂的年齡時，身體竟然染上了疾病，其夫人雖然到處求神拜佛，也無法解除其病痛的困厄。在事業上各個相關企業，都能步上軌道了，只是事業心很重的吳董事長，總是放心不下，每天早上約十點鐘左右，都必須到公司去看看，關心一下營運的狀況。

　　從住家到全興公司，車慢慢開約只要十幾分鐘，車水馬龍的中山路，使吳董事長小心駕駛。當車子停在辦公室前，吳董事長總是望一望自己努力，建造出來的廠房，以及埋頭苦幹的員工，心中總是有一點欣慰。

　　提著自己的公事包，沿著鋪著地毯的樓梯，經過了行政單位的辦公室，走入寬闊的董事長辦公室。陳特助每天都會來報告公司的重要事情，讓吳董事長做裁決；有時來向吳董事長報告當天的行程，或約定重要的會議，談完後吳董事長就坐在辦公室，回想著過去的一些往事。有時就會在自己的辦公室中，望著排滿四周的獎牌，或一些活動的照片。牆上

還懸掛著吳董事長與夫人的油畫像片作品，想當年還是精神煥發，才過幾年身體已經不如前了。

最近的吳董事長心情老是悶悶不樂，除了身體染病之外，還有一些不如意的困擾牽絆著。或許有人會認為這些事情是一種庸人自擾，然而世間總是有些是是非非，是最難處理的，當然有一些家務事，也不是三言兩語可以說清楚，於是自古就有「清官難斷家務事」的無奈。於是在歲次丙子仲春，林鎮烈書寫了一幅〈莫生氣〉的墨寶，送給吳董事長，內容寫著：

> 人生就像一場戲，
> 因為有緣才相聚。
> 相扶到老不容易，
> 是否更該去珍惜。
> 為了小事發脾氣，
> 回頭想想又何必。
> 別人生氣我不氣，
> 氣出病來無人替。
> 我若氣死誰如意，
> 況且傷神又費力。
> 鄰居朋友不要比，
> 兒孫瑣事由他去。
> 吃苦享受在一起，
> 神仙羨慕好伴侶。

　　每一次吳董事長，去閱讀這幅〈莫生氣〉的墨寶，總是心有戚戚焉。這些簡單的道理大家都知道，然而在實踐時，就有了落差。但本著「食一歲學一歲」的吳董事長，仍然希望有一天能到達「心無罣礙」的境界。

　　坐在辦公室的吳董事長，每次想起近年來，世界經濟不景氣中，許多產業的外移，政治的紛爭，造成社會的脫序，內心難免有些擔憂，每次有機會對員工講話，總是抱持著腳踏實地的原則，呼籲全興人「愛拼才會贏」，屢次為全興人打氣，他還是充滿著信心，對於過去那種惡劣的環境下，都能站起來了，如今所遭遇的的困難是世界性的，誰都無法避免。

　　吳董事長常常在想，一個企業的成功是靠眾人的努力與奉獻，才能達到的。一個人的能力絕對是有限的，僅管一個人有三頭六臂，都無法獨創一個大企業，這是誰都不能否認的。俗語說：「猛虎難敵猴群。」說的就是這個道理，眾人的力量是無限的，因此吳董事長對於任何一個全興人，都心存感激，感謝全興人共同締造全興企業王國，使全興能在企業界屹立不搖。他相信「眾志成城」的道理，只要大家能團結在一起，任何困難都能迎刃而解，勤勞一生的吳董事長，總是告訴員工「愛拼才會贏」不只是說的，要認真去做，「全興關係企業」是一個注重實踐的企業，誠實是全興關係企業的體質，服務是全興企業的目的。

　　吳董事長常常在說：「全興關係企業堅持長遠眼光，精益求精，日復一日地帶動汽機車業邁向更燦爛的未來，以提升人類生活品質而自我期許。」

第二十二章　在吳董事長的靈堂前

〈閑情〉詩：「總仰望二十歲的那個月，望能再回來，再重新活那麼一次。然而，商時風，唐時雨，多少枝葉，多少閑情少女。想她們在玉階上轉回以後，只能枉然地剪下玫瑰，插入瓶中。」

台諺：「巧的顧身體，戇的顧傢伙。」

　　民國九十年九月二十六日「利奇馬颱風登陸台東」，直撲台東大武，十五級的狂風及四百多公厘的豪雨，造成東台灣的交通嚴重影響，全台人民嚴防著豪雨，這一天的早晨十一點多，吳聰其董事長辭世。隔日，我與中華鳥會理事長廖世卿正好在我故鄉漢寶園繪製賞鳥地圖，準備「漢寶野鳥生態文化節」的活動，中午時接到全興公司沈先生的電話，要我爲吳董事長寫生平事略；這突如其來的消息，讓我不知所措。

　　近些日子以來，爲了寫吳董事長的傳記，與他接觸頻繁，知道他身體有病，沒有想到竟會如此突然的走了。他的容顏與話語立刻進入我的腦海裏；還記得我曾對他說過：「董事長：有句俗話說『巧的顧身體，戇的顧傢伙』。」他對我說：「這句話我在六十八歲時才想到。」也就是他身染疾病時，才意會到此話的意義。吳董事長的辭世，令我更深的體會到佛家的「諸行無常」的眞諦，阿含經云：「積聚終消

散，崇高必墮落，會合終當離，有生無不死。」這該也是說明無常的道理吧！

靈堂佈置在別墅的廳堂，中間高懸著吳董事長的遺像，四周排滿著各種鮮花，堂中重覆播放著阿彌陀佛經。第一次來到吳董事長的靈前祭拜，巧遇總統府資政姚嘉文先生，他向家屬詢問吳董事長的事略後，他說：「我要建議總統頒發『褒揚令』給吳先生，他終身服務人群、報效國家，足以爲國人樹立典範。」聽姚資政的一席話，心有戚戚焉。生前吳董事長是一位平淡的人，每天將精神用在事業上，自在而盡責的活著，全興公司在他的領導下也曾獲得磐石獎、國家品質獎。吳董事長又熱心公益，培養工業人才，國家該給他褒揚。

十月七日我與內人再去吳董事長靈前上香時，遇到董事長三公子吳崇讓先生，崇讓談起對他父親吳董事長的記憶，他說：「我是男孩中最小的，感覺上父親最疼我，約在我國小五、六年級時，我父親要出國，全家人送父親到車站去坐車，我就吵著父親帶我出國。」父親就說：「乖乖以後你長大，就可以出國。你現在還小，還不能出國。」接著崇讓又說：「每次我父親回國時，都會帶回來許多禮物，而兄弟姊妹間的禮物都一樣，每個人都平均分配。」

我們坐在靈堂的左側，聽著崇讓敘述他與父親的往事，他又說：「小時候，我們兄弟每天有一塊錢的零用錢，一個月有三十元，父親都一次把一個月的零用錢發給我們，又每一個人都有個裝錢的東西。最主要是要我們自己來管理自己的零用錢，訓練我們經濟獨立的能力。如果我們一次花完

了，長長的一個月再也沒有零用錢了，所以我們要自己掌握零用錢。這或許就是父親教育我們的方法之一。」

「小時候你們讀書時，你父親如何教育你們？」我提了一個問題。

「父親生意很忙，可以說是早出晚歸，他期待我們自己認真讀書。還是讓我們自己管理自己的方式，自由去發揮，成績不好時必須接受訓示。或許，他從小失學，期待我們能好好努力讀書。」沉思了片刻後，他又說：「記得我大哥高中是讀台中一中，二哥讀台中二中，兩個人都寄住校外，到了聯考時都沒有好成績，因此，我考高中時，父親堅持不讓我去考台中區，他要我留在彰化讀。於是我就考上彰化高中。記得高中時，還特別帶我去找一位陽明國中的陳老師，請陳老師教導我讀書的方法。父親對我的期待很大，我自己就感到讀書有一種壓力，陳老師告訴我，讀書時每一科都必須均衡，不能荒廢任何科目。於是高三那年我就自己擬定一張功課表，按自己的規劃時間用心的讀書，除讀書外還排定運動、休息的時間。讀書、運動、休息週而復始的進行著，終於讓我考入了淡江大學輪機系。」

「在你們讀書時，要不要幫家裡工作？」

吳崇讓說：「要。我家的孩子有一個規定，每個人暑期必須到工廠工讀，和一般員工一樣。國小時做現場裝配線，國中時在生技單位工作，到了高中必須做模型與加工機械的學習，上大學後仍然要進現場學習技術。要熟悉公司的生產情況，與員工共同工作，還規定不能給公司帶來麻煩，上班要自己騎車，必須依照公司的作息時間。」

望著吳崇讓掉落在深沉的回憶中，慢條斯理的訴說著，夾雜在梵音的誦經聲中，在靈堂前迴響著，吳崇讓又說：「我大學畢業時，父親特別北上參加我的畢業典禮。可見他對我的器重與期待。後來我去當兵了，民國七十四年我服完兵役回來，立刻進入全興公司工作。開始跑國內業務，民國七十五年做國外業務與採購工作，到了民國七十八年接品管工作，民國八十年接全拓股份有限公司總經理，民國八十五年當全興油封總經理，民國八十六年接副董事長，到民國九十年接任董事長。」談到此吳崇讓說：「我們幾個兄弟與親族要去看墓地，以後有機會再談了。」

坐在吳董事長的靈前，我真的百感交集，自從答應要為吳董事長撰寫傳記後，總是希望透過各種管道去了解吳董事長的生活與為人處世，曾經於清晨來陪吳董事長在家園中散步、與他聊天、聽他訴說一則則的往事，希望能客觀又真實的呈現其生活的真實面貌。沒想到傳記還沒寫完，他卻不告而別悄悄的走了，留給我太多的茫然與哀思，望著置放在靈前的衣服與皮鞋，內心浮現出他散步時的親切容顏，與他幽默的談吐。我想這輩子再也無法聆聽他的教誨了，再也無法聽到他講的生活經驗了。

我望著靈堂斜對面的牆上，有一個署名李岸書的一幅墨寶〈閑情〉寫著「總仰望二十歲的那個月，望能再回來，再重新活那麼一次。然而，商時風，唐時雨，多少枝葉，多少閑情少女。想她們在玉階上轉回以後，只能枉然地剪下玫瑰，插入瓶中。」此時看這段閑情的文字，令我有無限的感傷，昔日我們在此談天說笑，如今董事長卻躺在冰冷的櫺柩

裏，雖然只隔著薄薄的一層棺木，卻有天人永隔的淒涼。

　　董事長夫人，看到我呆呆的坐在靈前，走過來打招呼。我詢問起了吳董事長，辭世前的身體狀況。夫人說：「今年暑期幾個兒孫，要帶我與董事長到歐洲去玩，一切旅遊手續都辦完了，要出發前董事長卻不願意去，是怕自己身體體力不夠，拖累大家使旅遊中掃興。本來我也不想去，但我若不去，這趟旅遊就會取消，旅社、機票、船票都已預定好了，錢也已經花了，不去兒孫會感到失望；最後我跟兒孫們去了，董事長留在家中，在旅遊的過程中，每天我們都打電話回家中，了解他的身體狀況，每天聽他講話的語氣，有時候他會告訴我，身體渾身無力，我真擔心他的身體，又是農曆的七月，於是我每天為他唸佛，希望佛祖保祐他身體平安。歐洲的風景雖然美麗，但董事長的身體使我憂心，心情老是牽掛著，實在玩得不盡興。歐洲回來後，我就去為他求神拜佛，也到地藏王廟去為他收驚，為他消災。懇求神明派符仔讓他洗淨，也請師父為他灌頂，並向神明下願，若能讓董事長的身體好起來，我們將來還願。除了求神之外，還到基督教醫院，請張醫師幫他做身體檢查。近年來董事長除了吃西藥之外，還吃中藥。為了他的身體我求佛祖之外，也求天公、地藏王，甚至於去找通靈人為他解厄，但身體並沒有好轉。新曆九月十七至九月二十六日住院，剛好十天，這中間他曾要求下床來站一下，我們就推了一台輪椅讓他坐一下，坐沒多久就又躺著，按照台灣人的說法，這就是「辭土」的先兆，第七天就住入加護病房，有四天的時間住在加護病房裏，我進去看他時，他的眼睛一直看著我。」講到此董事長

夫人眼眶中含著淚水，又繼續說：「近年來，他生病了，我到處求神拜佛，每天心靈都不平靜，有時煮菜時，在六神無主的情況下，鹽放了兩次，於是他就罵我『唔情願』煮，我也了解他身體不好火氣大。他都沒有想一想，我是一個吃齋的人，本不殺生，為了他的身體，我還許下殺豬宰羊答謝神明的願，這是多麼痛苦的決定？」講到此吳夫人哽咽著，低著頭沉思著。

隔了片刻吳夫人又說：「當醫院告訴我們，董事長的身體已藥石罔治，我就趕快回家，請八卦寺慈善會找一團助唸團先來，隨後幾天之內來的助念團有：慈濟功德會彰化分會、佛光山彰化講堂、八卦禪寺、彰化居士會、達賴基金會，到家來幫他助唸，希望他能順利的到達西方極樂世界……」講到此已是過了中午了，家人要他去吃飯了，我們的話就到此打住。

飯後，我又與吳董事長的女公子吳玉美女士，談一些她與董事長的往事。

民國四十六年出生的吳玉美，小學讀平和國小，然後進入彰化國中，再考入立人高中。高中畢業後，就進入全興公司服務，從倒茶、掃地、擦桌椅開始做起，另一方面在公司學習記帳、會計等事宜。

「小時候，你與父親之間，記憶最深刻的事情是什麼？」我打開對談的話題。

「在我讀幼稚園，住在中正路，我們家的廁所是傳統的『屎礐仔』，糞坑中有許多蟲，我不敢上廁所，父親特別用木板為我做一個馬桶，置放在『屎礐仔』頂，使我看不到那些

蟲。這件事是一個很特別的記憶。上小學後，我只感到父親很忙，早出晚歸，小孩子的教養大部分落在母親的身上。記得我有一個最小的弟弟，約在學習走路時，與我們幾個兄弟姊妹，一起在家門口玩時，在我們不小心時，跌入水溝中，我們並沒有注意到，直到晚上八點鐘左右，發現弟弟不在，才開始到處找尋，最後在水溝中找到了弟弟。父母親非常傷心，每日悶悶不樂。」談到此吳玉美露出一臉的感傷。

「國小、國中時有沒有特別記憶？」

「很少。」吳玉美說：「倒是有一件事，在這段期間中，使我耿耿於懷的。有一些朋友到我家來玩時，父親會一個個詢問同學的家庭狀況，好像做身家調查，那種感覺很不好。父親怕我交友不慎，希望能了解這些同學的家庭背景。到了考高中，我考入南投高中，讀一年之後，我轉到立人高中。那時對於書讀的好不好，父親是不會要求，倒是注重我的品行，為人處世是他所注重的。記憶中父親沒有罵過我。高中畢業後，我考上護專，母親不喜歡我讀護專，我就沒有去讀了。從小我喜歡彈鋼琴，本來我想去日本學音樂，母親贊成我去，可是父親不答應，他說一個女孩子到那麼遠去，如果發生事情怎麼辦？於是我就失去了去日本的機會。我也知道父親認為，女孩子只要平安無事就好了，他們那一輩的人總認為『查某囝仔菜籽命』，於是高中畢業，就留下來工作了。」

「依你的印象，父親是怎樣的一個人？」我問。

「我父親是一個好爸爸，做事以身作則，從不會做越矩的事，非常照顧家庭，雙親感情很好。許多事業家，當他事業

人間典範全興總裁・194・

有成時，常會有三妻四妾的事情，但我父親在這方面很有原則，是最讓我敬佩的。」

　　整天我們在吳董事長的靈前，與他的家人談著過去的點點滴滴，帶著無限的感傷與哀思。

第二十三章　一雙鞋子的故事

　　全興人的箴言：「培育人才、協力團結、滿足顧客、回饋社會。」

　　台諺：「扛轎一頭便。」

　　為了撰寫吳聰其董事長的生活史，陳富澄先生安排我與吳總經理崇儀先生見面，商談一些寫作的細則，在短暫時間的交談裏，直覺中感到吳總經理的聰明與能幹，又是一個能說善道頗富幽默感的經理人。

　　在交談過程中，我稱他為總經理時，他幽默而自我解嘲的說：「總經理是經常被修理」的意思。這句話是在初次見面時，留給我最深刻的印象，第二次見面是在南興國小運動場上，全興公司在此舉辦員工運動會及園遊會上，吳總經理也參與這次活動，生龍活虎般的遊走在會場，與員工其樂融融的打成一片，閉幕典禮中，吳總經理說：「明年是全興公司五十周年慶，將在彰化縣立體育場擴大舉辦，期待明年大家再來共襄盛舉。」從這句話中，可以了解吳總經理是一位能前瞻前務實的經理人，還有一年的慶祝活動，早就有了腹案。

　　還有一次，我去訪問其夫人陳慧芬女士，與他的兒子家興、彥興時，他匆匆忙忙的打了招呼就離開了，只知道他是全興關係企業的重要推手。同時也擔任三陽工業協力會中區

區會會長，在他的身上我發現做爲全興關係企業的第二代之一，其承先啓後的責任是相當的重大。

想訪問他總是找不出時間，直到吳董事長辭世後第十一天，在崇儀守靈的夜晚，徵求他的同意，陪他守在其父親的靈前，訴說過去的往事。十月初的山莊夜裏，山風有一點涼意，八點多我進入吳董事長佈滿鮮花的靈堂，向他鞠躬後，坐在摺有許多紙蓮花的座椅上與崇儀開始對談。

出生在民國四十三年的吳崇儀，小學讀平和國小、初中讀彰化初中、高中爲台中二中。從小讀書都自由自在，父親很少給予壓力，因爲父親爲自己的事業忙碌，子女的家庭作業，他很少看，有時若看到成績單時，成績好就讚美幾句，成績不好時也會被責備。印象最深刻是就讀台中二中時，寄宿在外，周末，同寢室同學的父母來時，常會帶一些食物來共享，有時候也會把同寢室的室友，帶出去吃館子。但崇儀的父親來到寢室，總是『空手到』，並對同寢室的室友詢東問西，好像做身家調查，令崇儀感到有一點尷尬。

崇儀望一望靈前吳董事長的遺像說：「今夜我們在此談童年往事，我父親可能也會聽到。在我們讀書的時候，我常會想同學們家中與父母的互動良好，但我的父親只忙事業，很少注意到我們的休閒生活。國中時，父親負責的公司有汽車，但我們並不能享用，只有在假日父親會叫我洗車，我們只有洗車的份。唯獨在我初三那年，父親用法國的peugeot504型汽車，載著全家到日月潭去郊遊，小時候去風景區遊玩，是夢寐以求的事情，但彎彎曲曲的山路，使我們這些從未坐車走山路的孩子暈車，停車讓我們嘔吐時，父親就說我們身

體太差，缺少體能訓練。我們就說：「平常沒有坐車，突然坐汽車走山路，才會暈車。」談著這些童年往事時，充分的顯示出崇儀的能言善道，喝了一口白開水時，他又說：「我們還住在古亭巷時，有一年的端午節，國曆是六月六日，農曆五月五日，我們幾個兄弟姊妹，一起在家門口玩時，我約一足歲的弟弟跌落水溝，我們並沒有發現，直到晚間才發現弟弟不見了，最後在水溝中找到。父母親都感到非常傷心，這件事也是我記憶深刻的事情。」

「你在公司工作那麼久，令尊的行事風格，影響你最深的是什麼？」我問。

「記得十幾年前，父親有一次跟我談經營理念，講了很久，有句話使我畢生難忘，他說：『做事情不一定要有錢，但一定要有人；沒有錢可以去借，沒有人是無法借到的。』可見我父親對人才的器重，由於我從小最常跟隨父親做生意，對於公司的各種產品、人事、作業流程，都非常熟悉，於是我將父親的經營理念，歸納出十六字箴言，做為全興人工作的方針。」

「那十六個字？」我真想立刻了解。

「培育人才、協力團結、滿足顧客、回饋社會。」崇儀很簡潔的說：「這就是全興的經營理念。」

「為了公司的永續經營，必須尋才、用才、留才。全興公司一直在擴大市場，必須晉用許多人才。招收人才進來之後，必須培養訓練，而在訓練過程中，我父親一定會親自面授機宜；另外公司會安排一位同仁去關心這些新人，包括食、衣、住、行、工作……各方面的事情，使這些新進人員

早日適應自己的工作。然而，公司用人惟才，只要你是人才，工作努力是絕對不會被埋沒。同時公司有健全的人事制度，這套制度的建立，約在民國七十五年時，聘請台育企業管理公司，至公司進行診斷評估後，逐步去建立，導入現代化之管理制度。」

「協力團結怎麼說？」我希望崇儀繼續說下去。

「人事的和諧當然是重要的。我們的策略是啓發員工潛能，增進員工的自我成長，使員工對制度無怨言。另外，在工作方面：公司生產的成品繁多，在產業界所用的材料，全興幾乎都有，舉凡：橡膠、塑膠、化學、紡織、電器、鋼鐵、玻璃、微電腦等，都是必須要用到的材料或組件，除了種類繁多外，加工的技術和設備也很多樣化。在這種前提下，分工就變成非常重要，若只是分工而沒有合作，就無法達成一個組件，所以協力團結在製造過程是非常重要的。」崇儀胸有成竹的說。

「在滿足顧客方面如何做？」我又提問。

「首先要聆聽顧客的要求。因為我們所有的產品，都是要供應給顧客，一切必須以顧客為尊，符合顧客的要求是我們的目標。我們要了解顧客的反應：產品有沒有問題？產品是什麼地方被稱讚？產品交給顧客後，還要關心使用的滿意度，是否有瑕疵？所以所有的員工的工作目標，是達成顧客的滿意；甚至於積極提案，去創造顧客的需求，這就是全興公司，第三個經營理念。」

「那第四個理念呢？」我打破砂鍋問到底。

「我父親一生常為別人著想，比如說：剛買中山路的土地

（現在的公司的位置時），那時四周都是農地，爲了農人的方便，公司讓農人自由通行，到了收穫的季節，動員公司員工幫農民扛稻穀。公司的廢水處理，做得很好，使稻田不受影響。我父親有一個觀念『凡事一次做好』，所以他寧願多花費一點錢，讓設備更完美，這種做法其實是看得遠。他認爲必須有日日回饋的觀念。因此『回饋社會』是公司的第四個經營理念，我們知道企業經營最後的結果是讓公司成長，而公司的成長與地緣及社會關係相當重要，所以全興公司回饋社會的理念相當強烈。現在有一個文教基金會，我們辦理幼兒教育，一方面爲自己的員工照顧子女，一方面爲幼兒教育付出一些力量，同時爲公司員工成立國小學生課業輔導，也與師大附工合辦建教合作，送員工到訓練單位、大學去接受訓練，培育工業人才。」在談話過程中，總經理總是望一望靈堂前，吳董事長的遺像。

「在吳董事長身邊做事這麼久，是否可以說一些他在商場，對你面授機宜的具體事情。」

「約在八年前我已升任全興工業的總經理兼新三興的董事，有一次我與父親一起到新竹的新三興公司去開會，探討如何利用日本的經營經驗，來配合國內的產業發展，同時對公司做一次視察。」崇儀若有所思的說：「在車上父親問我『你這雙鞋子穿多久了？』我知道父親生性節儉，其實一年新的鞋子我故意說『已穿了四年了』，延長了一些時間，沒想到他說『你也太懶得走動了，該多走入現場，了解工廠的生產情況，看看現場才能知道員工的心理，到客戶處去走走，聽一聽客戶的意見，才能知道產品是否受社會肯定。我們做生

意的人，心中必須要有顧客，要滿足顧客的要求。這樣才能做好公司的計劃，在生產過程中，我們必須講求物美價廉，出售的產品才不會有後遺症。」崇儀遞給我一瓶礦泉水後，繼續說：「當我們走出新三興公司後，在車上父親又問我說『新三興公司與全興工業公司有什麼不一樣？』我還在思索著問題要如何回答時，父親就說『只有一個人不一樣，那就是總經理，其他都一樣。總經理伊籐誠先生是日本人，其他員工上至董事長，下至員工都是台灣人。我們全興關係企業，採總經理責任制，每一個公司都有總經理，做一個領導人，必須去凝聚公司員工的力量，才能同心協力為公司付出。做為一個領導人要勤於走動，不可只坐在辦公室，用腳走、用眼看、用腦想、用手提，充分運用各種感官，走路是最基礎的工作。』這一席話，使我想起父親幾乎都利用各種機會教導我們。」

「像這幾年來，國內外景氣不好，他對公司的經營有什麼重大的指示？」

「最近幾年來經濟不景氣，他就說『在積極面公司必須〈扛轎一頭便〉意思是說『現在不能隨便擴充設備，利用現有的資源設備，做有把握的事，研發類似的產品，擴充新的市場，去尋找新客戶保持積極進取的精神。』為了公司的營運成本，有人提出裁員，我父親就說『裁員可以減少人事費用，但是這些員工長期為公司付出，就如同坐一條船的家人，我們怎能叫他們跳下大海，置員工的生死而不顧。這不是全興人的處事原則，我們跟西方人的處理方法是不一樣的，我們必須為自己的員工著想。』做為一個公司的負責

人，就必須想辦法去照顧員工的生活，這才是老闆的價值所在吧！因此我們必須用盡心思，去解決這些問題，不要只為了自己的利益，而拋棄別人，這樣是不厚道的做法。」

「談一談你與董事長在家庭生活方面的情形。」我想了解公司之外的私生活面。

「我父親就像是我的鬧鐘。」崇儀說：「我與父親同住在山莊，但不同棟房子，有一段日子，早上我陪他去打高爾夫球時，通常我們若要三點半出發，三點鐘他的電話就來了，並說『過來這邊吃早餐』；如果我們住在旅社，早上父親就充當我的鬧鐘。」

高中畢業後就到全興工作的吳崇儀，進公司時由現場做起，然後任採購、開發課、升物管課，再任稽核專員、以及國外課、管理部經理，再升任副總經理。為了公司的管理制度化、經營合理化，聘請企管顧問公司規劃全興公司的主題工作與健全人事制度，最後升任全興公司總經理。

整個晚上在吳董事長的靈前，大部分都談著過去的往事，夜更深沉了，於是我說：「最後我想請教一個問題，請以國際化的角度，來看全興公司的未來，要如何去發展？」

帶點疲憊神情的吳總經理說：「做為公司的一個經營者，學習是相當重要的，隨時隨地必須接受新的資訊與管理理念。但在經營管理上，必須要由過去的經驗去展望未來。把顧客所需的當成公司的主軸。因此每年都必須透過各廠共同會議討論，來擬定計劃，這種團隊探討的活力營，都在廠外舉行，基本上先由董事會擬定一個大方向，交由經營團隊來討論。在研討之前，先蒐集基層人員的見解與方案，經過

討論來形成共識，最後經董事會核定執行。就時間點來說，在每年執行這種短期目標之外，還必須隨著時代、社會的變化，擬定長期的計劃，這就是所謂的『目標方針的展開』；早期全興公司的一些技術引進，常到與日本人技術合作的工廠去見習，然後參與目標方針訂定與執行，這些重要步驟完成之後，就展開公司所謂的 PDCA 的循環流程。在公司內部而言，每一個層級工作都必須要有自己的目標與方針，然後分層負責質感比以前更好，其目標還是 PQCDSM 的流程。其時全興在產品的研發上，與海外的合作伙伴，包括德國、美國、法國、日本等。」吳總經理喝了一口水後，接著又說：「人才培育採國際化制度，送員工出國學習或請專家學者來公司指導。在材料的購買上也是採國際化，主要是台灣沒有生產這類產品。」

　　整個晚上，我與吳崇儀談了許多吳董事長的往事，就在他的靈前，我們相信他也聽到了。夜更深了，我告辭了吳崇儀總經理，走入夜的長廊，走向回家的路上。

第二十四章　無限的哀思

法師說：「三世遷流不住，所以無常；諸法因緣生，所以無常。」

《阿含經》說：「積聚終銷散，崇高必墮落，合會終當離，有生無不死。」

吳董事長辭世，吳家的族親與全興公司的員工，籠罩著哀悼的心情；治喪委員會成立了，主任委員由經濟部長林信義擔任，副主任委員為嚴凱泰，十九位委員：林英傑、柯弘明、高山健、馬毅志、陳明聰、莊健培、許勝發、張錦龍、黃世惠、黃政旺、黃萬金、葉步覺、劉一震、潘克強、賴瑞龍、盧福鐘、謝文郁、蘇慶陽、蘇燕輝，總幹事為莊清秀，副總幹事張文昌，委員會與家族共同商討喪葬各種事宜，並擇定民國九十年十一月三日上午八點在喪宅家祭，十點舉行公祭後，安葬於彰化市吳家墓園。

在藍底白字的訃聞中，寫著吳董事長的事略：

先生姓吳氏諱聰其，民國十九年六月二十八日（農曆）生於福興鄉同安村。父路漢公，母王氏，昆仲八人，姐妹五人，先生行二。幼居村野，岐嶷淳厚，長者咸愛重之。

先生幼時，家貧失學，惟自期甚深，夜讀「漢學」於村中塾堂，每至宵分；而農忙躬耕，農暇則肩挑販售農產品，

以補家計。童稚艱苦，勤儉成性矣！

稍長，值工商業初萌，即隻身遠涉異鄉，從事腳踏車零配件製造，民國四十二年，先生時僅二十三歲，首創「全興」五金皮件廠，製造機車座墊，爾後茁壯及於汽車座椅、內裝系統、油封油環、辦公家具、保健器材、食品物流等事業，迄今擁有集團關係企業三十餘家，員工數以萬計。曾獲經濟部、內政部、教育部、勞委會、環保署等頒獎及行政院國家品質獎殊榮，亦獲陳總統及李前總統召見嘉勉，為車輛業者所推崇。此間不乏同業先進，尤以中心廠，海外如日本、德國等技術前驅者之愛護與提攜，亦有賴先生篳路藍縷始卓然有成。

先生雖曰經商，然為社會公益及教育文化仍不遺於餘力，先後創立文教基金會，興辦幼兒學苑；與彰師大附工、秀水高工、建國技術學院、中區職訓中心等建教合作，翼為培育民族幼苗、工業人才，聊盡心力。而常為慈善公益，出錢出力，惠及急難；設立全興醫療基金會，致力醫學研究，為人群造福略盡棉薄。

先生秉性忠厚，自幼即事親至孝，友愛兄姊，及長，又子代父責，撫育弟妹。年二十二迎婦張氏紅棗女士，夫人慈慧孝淑，德容兼備，育三男一女，均受高等教育，皆能稟承庭訓，成家立業，幸福美滿，一門鼎盛，望重梓里。

先生一生志行非凡，待人寬和，處世嚴謹，敬業樂群，雍容剛毅，是以所謀必中，所功必成；正值大業宏偉之際，慟於九十年九月二十六日積勞成疾溘然長辭，享壽七十有二，可嘆可欽。綜先生平生行誼，孝義勤儉，仁信禮智；而

子孝孫賢，承志繼世，是知先生必含笑泉臺，看子孫等麟鳳齊飛，爲家爲國再增多福，豈非天之所以報也歟?!

茲值先生靈輀將駕，歸窆有期，爰述先生懿行犖犖大者，用誌哀思，並以昭彰勛績宏德供鄉人同欽而有所思齊焉！

中華民國九十年十月六日

吳公治喪委員會　謹述

短短的事略，寫就了吳公長長一生的奮鬥歷程，以及他爲人處世成功的一面，讀了他的生平事略，他平易近人的臉龐浮現我的腦海裡，猶記得我還在他的辦公室中，聆聽他談笑風生的生命哲學，然而只過了幾天，他竟然遠離了我們，真令人感到人生的無常；佛家三法印中的「諸行無常」在此印證了，有法師說：「三世遷流不住，所以無常；諸法因緣生，所以無常。」這裡所說的「三世遷流」是說過去、現在、未來叫三世。一切法在時間上是刹那不住、念念生滅，過去的已滅、未來的未生，現在的即生即滅，故說無常。所謂「諸法因緣生」是因爲諸法都在因緣和合而成，因緣離散則消滅，因緣是無常的，由因緣所生之法，自然也是無常。因此在《阿含經》說：「積聚終銷散，崇高必墮落，合會終當離，有生無不死。」這些都是說明了人生無常的道理。

十一月初冬的陽光照射在八卦台地的山麓，色溫讓山脈的樹木顯得微微泛黃，縣體育場旁的台灣欒樹，讓人感到秋的蕭瑟。正在施工的寶山路，路面巔跛，車子隆隆作響。悼念吳董事長千古的花圈，綿延在寶山路兩旁，延著花圈前

進，路旁排滿著魚貫的車子，近一個月來，全興幼兒學院的師生，因吳董事長的離去，而帶著憂傷的氣氛，全興的員工與吳家家族，為了告別式的會場，忙著不可開交，工作人員把黃色的彩球、花架、素色的花材、罐頭塔陳列著，耳中傳來陣陣的誦經聲，三位孝男在道場內隨著誦經師父在作「梁皇懺」，男眾誦出渾厚的經文聲，讓道場顯得更加肅穆。董事長的女兒吳玉美費心的準備著祭拜事宜，工作人員逐一地在供桌上擺放祭品。為了讓親戚朋友在告別式時，能在回憶吳董事長在世的種種事蹟，特別規劃了「吳董事長事蹟陳列館」，陳列館外牆有吳董事長的生平年表與生平事略，館內陳列了吳董事長的日常生活遺物，並有公司成長過程與家族團聚等重要影像。

十一月三日，天上的薄雲讓天氣顯得陰沉。這天是吳董事長出殯的日子，參加告別式的親戚朋友，把車置放在體育場，運用大客車與幾部廂型車接送，進入住宅區，通道置滿著鮮花，形成一片素色的花海，簽名處就設在全興幼兒學苑前的花棚下，前來參加悼念的人數眾多，可見吳董事長生前是多麼的令人敬仰。

式場約可容納兩千多人，靈堂前置滿著鮮花，正中央懸掛著吳董事長的遺像，右方有陳總統水扁先生「義方垂裕」的匾額，左前方置放著十月份剛獲行政院頒發的「國家品質獎」。這個受到國家肯定的獎項，說明了全興以客為尊的企業形象是成功的，真不愧為汽機車零組件設計製造的領航者。

經濟部長林信義先生擔任治喪委員會主任委員，公祭單位包括各級政府官員、各層級民意代表，也有來自美國、日

本的代表，和國內各知名企業代表，近百個單位前來悼祭，還有數不清的親戚朋友，前來祭拜。無數的輓聯披掛懸掛於靈堂，顯現出倍極哀榮！

在公祭開始前，由子女詠吟自創〈無限的追思〉詞曲，表達對父親永遠的追思，訴說失去父親的悲哀與感念之情：

從小生長窮困鄉下中，
一生奮鬥努力拼，
爭得一片家產業，
交友廣闊人讚賞，
讓我們衣食無欠缺，
在外總覺得強一些，
雖然父子也有意見過，
父子親情永在我們心中，
如今您已遠離我們，
還請您保佑著我們，
庇佑您的親朋好友，
庇佑著大家。
親愛的爸爸，
無限的追思，
無限的感傷，
親愛的爸爸。

長長的祭拜、拈香的行列，反覆著相同的儀式，吳董事長的子孫們，男女分開著站在靈堂的兩側，答謝著親朋好友

彰化學

的悼拜，每一位祭拜者都充滿著無限的悲淒，公祭的時間進行了將進三個小時，充滿悲慟的告別式，令人感到哀傷。走向吳董事長的事蹟陳列館，牆上張貼有「董座的故事」是各報刊雜誌，對董事長奮鬥人生的相關報導。

影像建構出吳董事長的生命史，相關錄影帶反覆播放著；從照片中可以看出五○年代全興公司全體員工的紀念合照，當時只有二十幾名員工，而現在在全興集團的旗下公司就不只這個數目，還有家庭的生活照，一些與日本、美國和國內廠商簽訂合作內容的照片。

在一張桌上，反覆播放著筆者訪問吳董事長的錄音內容，略帶泉州音腔調話語，讓我感到親切，聽到他的聲音，令人感到吳董事長就在身邊，親切而真實。貼在牆上的一些俗語，是吳董事長常掛在口上的話語，比如「一粒米，百粒汗；做牛著拖，做人著磨，做雞愛筅，做人愛反（音病）；佮好人鬥陣有布耕，佮歹人鬥陣有子生……」，走進影像館中，猶如走入吳董事長的生活世界。

幼兒學苑的小朋友，也製作了許多小卡片，寫著「吳爺爺我們愛您、吳爺爺我們懷念您。」小朋友簡單的懷念語詞，流露出真摯的情感，透過卡片來表示對吳董事長的懷念與追思。許多人看完這些影像資料後，就在追思留言處寫下一句話：

美國夏威夷的黃康慶寫著：感恩您多年來的照顧，讓我永遠銘記在心。敬請安息吧！萬緣放下。

英傑寫著：「聰其賢弟：您的為人處世全是我們的典範。」

張盈泉寫著：「敬愛的老戰伴吳董：相處的點滴，永留在心中，受益無窮，長效我業界。」

廖水慶寫著：「吳董事長：您的諄諄教誨，永存五內及無限懷念。」

陳春男寫著：「吳董事長：您是一位有名偉大的企業家，昔日在全興承蒙您諸多的照顧教誨，永生難忘，永遠感謝您。」

聰田寫著：「聰明名人，無其世超峰。」

古月寫著：「您心裡有我，我心裡有您。永遠敬愛您的小妹。」

宗親會的吳金璋、吳福南寫著：「敬愛的總裁：聰其宗長。」

崇儀寫著：「敬愛的董事長：因為有您才有今天的全興。走過半世紀卓然有成，我們崇拜您、我們想念您。」

日本的友人黑石雄一郎、村上博、黑石眞二都留下了悼念之語。

親戚朋友非常不捨，從家裡送吳董事長到墓園，短短的路程走了長長的一段時間，繞到彰化市的公司，做了一次巡視後，才送董事長到吳家墓園，吳董事長雖然走了，但他的精神猶存。

出殯後的幾天中，筆者又到吳董事長的事蹟陳列館與墓園幾次，遇到了幼兒學苑的幾位老師，以及吳家的子嗣們，在影像館翻閱吳董事長的照片，走進往日與董事長相處的感覺裡。

十一月十五日下午，我在全興公司與吳古月女士見面，

談及她與吳董事長過去一起生活的往事。三十九年次出生的吳古月女士，是董事長最小的妹妹，與吳董事長相差二十歲，大了吳偉立三歲，從小都是吳董事長在照顧她，雖然是么妹，卻像吳董事長的大女兒。

從小吳古月就跟隨在吳董事長的身邊，在國小二年級時，吳董事長就買了一輛腳踏車給吳古月，每一次吳董事長帶孩子出去玩，她總是跟著，給小孩子的零用錢，她也分一份。國小畢業後，父親不讓她升學，吳董事長說：「么妹由我來栽培。」才使她有升學的機會，民國五十一年，考入彰化女中，三年後考入成功大學電機系，在高中時期，吳董事長每天給她送飯包，大專聯考是吳董事長去陪考，考上後住宿及一切生活上的用具都是吳董事長幫她準備，學費當然也是吳董事長供給。

吳古月談到二哥對待她的往事，忍不住悲痛地哭泣著，幾度哽咽著說不出話來，擦乾了眼淚她又說：「我二哥是一個很孝順的孩子，我母親喜歡吃彰化肉丸，晚上回家總是為母親準備幾個彰化肉丸，母親很疼我，二哥買回來肉丸後，我雖然入睡了，母親總是叫醒我，一起與她共享。」沉思了片刻後她又說：「記得在我高二時，我的扁桃腺發炎，最後在王耀南醫院動手術，開刀後因藥物中毒，住院一個多月，二哥每天去看我，很細心的用棉花棒沾水，來濕潤我乾燥的嘴唇，照料得無微不至。」

「您大學畢業後，就到全興公司服務嗎？」我提出了問題。

「其實我從小就與二哥生活在一起，讀彰女時就幫二哥記

帳與寫信。他對帳目的要求很嚴格，帳簿一定要記得清清楚楚、整整齊齊。每張信寫完都必須讀給他聽，信上的用語很考究，如果他認為不好，就必須重寫。因此，我很了解他的想法，我總是儘量要求自己，做好每一件事。大學畢業後，我立刻回到公司上班。從現場開始熟悉，後來到國外部工作，並掌理會計業務，銀行的帳務都是我在處理。」

我看著吳古月女士，邊講邊落淚，有一點不忍心談下去；但談到吳董事長與她的過去，她真是欲罷不能又說：「民國六十四年，我與楊昌宏先生結婚，二哥在建寶莊買一棟房子，並在彰化市的中山堂辦了一百桌酒席，宴請親戚朋友。我的大兒子滿月時，二哥在東興樓辦了十桌酒席。真的二哥就像我的父親一樣，毫無條件的照顧我。」

「聽說您現在住舊金山，什麼時候回來的？」我想了解他與董事長在臨終前的互動情形。

「聽到二哥病重的消息，我立刻從舊金山回來。九月二十二日凌晨抵達台灣，我直奔彰化基督教醫院。在清晨四點多，我緊握著二哥的手，感覺他的手好冷，他看到我眼淚就掉下來。我強忍著內心的痛苦，緊握著他的手不放。他好像要講話，但欲言又止，我希望他多休息，就安慰他：『您要多休息、多吃一點東西，才會有體力，病很快就會好起來。』我看到他的體力很差了，夜以繼日守在他的身旁，我對他說：『不用操心，要心情好必須放得下，一切的事情上帝自有安排。』他雖然生病了，還擔心我沒有吃飯，怕我體力不濟，教家人帶我去吃飯。我要他放心，我心情很亂，根本就沒有胃口，我又對他說：『聖經上有一段話說：上帝降苦難

給我們，我們必須將它看成一種祝福。生病是一種苦難終將會過去的，人就像一棵葡萄必須修剪，修剪對樹也是一種苦難。就像我也曾受過病痛的折磨，現在不也活得好好的。』………」吳古月女士說了許多聖經上的故事，來安慰著她的二哥。

日子就在一種沉悶與苦痛中度過，三、四天以來，吳董事長的病沒有起色，當醫生告訴吳家家屬說：「因肺臟失去了功能，肺積血了，吳董事長已回天乏術了…」此時的吳古月還不相信這是事實，她還是握著二哥的手，這時他們已不用任何語言了，這個時候所有的語言也是多餘了……

與吳古月女士談完後，我又跑回吳家墓園，雙手合十向吳董事長行了三鞠躬，心中一直響起吳古月女士所說的一句話：「到現在為止，我還相信他沒有走，雖然肉體離開了我們，但他的精神永遠與我們長相左右。」

在吳董事長的墓園繞了三圈，我向他揮一揮手，他一句話也沒說！一句話也沒說！

我衷心的說：「吳董事長：我們懷念您！我們敬佩您！安息吧！」

吳聰其 總裁 大事年表

| 一九三〇 | 一歲 | 歲次庚午六月二十八日生於台中州彰化郡福興庄菜園角三十四番地（現址彰化縣福興鄉同安村二十五號）。父吳路漢，母王氏桃。 |

一九三〇　　　一歲　　歲次庚午六月二十八日生於台中州
　　　　　　　　　　　彰化郡福興庄菜園角三十四番地
　　　　　　　　　　　（現址彰化縣福興鄉同安村二十五
　　　　　　　　　　　號）。父吳路漢，母王氏桃。

一九三五　　　六歲　　旁觀掛鐘修理，稍解拆裝程序，爾
　　　　　　　　　　　後能依樣自行修理。

一九三七　　　八歲　　家貧未能入學，在家養牛、幫農、
　　　　　　　　　　　做童工。

一九三九　　　十歲　　開始學作生意，由父親指導到鹿港
　　　　　　　　　　　一帶賣掃把，用扁擔挑著沿街叫賣
　　　　　　　　　　　（每次約五十支）。

一九四〇　　十一歲　　每天由鹿港搭台糖小火車（俗稱五
　　　　　　　　　　　分仔車）到彰化兜售掃把，常到總
　　　　　　　　　　　爺街（今成功路一帶）舅公陳岸家
　　　　　　　　　　　找土霧姑（姑母來億），深為討喜，
　　　　　　　　　　　常給予好吃的食物。

一九四一　　十二歲　　村中夜間漢學塾堂教讀識字，因無
　　　　　　　　　　　力繳學費惟窗外旁聽自習如此經
　　　　　　　　　　　年。

一九四二　　十三歲　　除賣掃把外，夜晚亦須去巡田水，
　　　　　　　　　　　田地位屬風頭水尾，天寒地凍之深

夜養成刻苦個性。

| 一九四三 | 十 四 歲 | 改賣甘蔗於鹿港菜市場前，曾遇五位年青人見其年幼可欺，欲行白食，臨機應變説服之。 |

一九四四　十 五 歲　繼續賣甘蔗，由零售改為批發的中盤商。

一九四五　十 六 歲　肩挑叫賣落花生。

一九四六　十 七 歲　開始以腳踏車載運落花生四處兜售，遍及縣內各田庄店仔（今雜貨店）。並開始到虎尾一帶（距家百餘里外）去批購落花生。

一九四七　十 八 歲　做各種雜工，牽牛車運粗糠、土塊，因瘦小被謔稱猴囝仔，但工作效率好、能力強而折服之。

一九四八　十 九 歲　開始賣布營生，常因村姑圍睹，靦腆不知所措。

一九五一　二十二歲　迎婦張氏紅棗，鹿港海埔厝人氏，父張灶母施氏梅碟。

一九五二　二十三歲　生長男偉立。

一九五三　二十四歲　於埔鹽崙峯村，同顏再添、施獻堂二位先生合設「協隆五金工廠」，生產腳踏車零配件。

一九五四　二十五歲　生次男崇儀。
　　　　　　　　　　雖與友人合開工廠營業，但仍須返家幫農或出錢僱工代己，如是三

年。

一九五六　二十七歲　生女玉美。

一九五七　二十八歲　在同安村自家設「全興五金皮件廠」，以裝配方式，簡易產銷機車坐墊。

一九五九　三　十歲　生三男崇讓。

工廠搬到彰化市古亭巷，結識三陽工業公司張國安先生，開始成為三陽之協力廠。員工約十餘人，有簡易生產機具。

一九六五　三十六歲　全興工業股份有限公司成立，設址彰化市中正路六三七號，生產規模稍具雛形，員工約五十人。

遠渡日本，參訪東京シート株式會社，眼界大開，從此戮力國際水準之產銷及管理。

一九六六　三十七歲　改良生產條件提高自製率，如橡膠海綿、高週波熔接機等技術之提升。

一九六八　三十九歲　小客車、貨車座椅開發。

一九六九　四　十歲　建花壇工廠，增設製作底坐鐵台設備，生產作業一貫化於焉完備，員工人數逾百人。

一九七〇　四十一歲　產品以GSK註冊商標。

自行車座墊外銷歐美。

一九七一	四十二歲	汽車內裝系統開發承製。
		生產作業自動化。
一九七三	四十四歲	職工福利委員會，職業訓練所成立。
一九七四	四十五歲	鑄造廠成立。
		與許師雄先生、日本NOK株式會社合資成立全興油封企業股份有限公司。
一九七六	四十七歲	台北辦事處購置台塑大樓十一樓八十坪。
一九七七	四十八歲	全興精機股份有限公司成立與西德KEIPER技術合作，生產精密沖床製品。
一九七八	四十九歲	新豐廠購建。
		方向盤、儀表盤研發。
一九七九	五 十 歲	元月長子完婚，長媳顏姿玉，彰化顏真卿先生令三女。
		三月次子完婚，次媳陳慧芬，彰化陳蓮波先生令三女。
		七月三子完婚，三媳張香蘭，彰化張銀鎗先生令長女。
一九八〇	五十一歲	遴派長子赴日，東京シート株式會社見習三年。
一九八二	五十三歲	新豐廠建廠完工，廠房二二〇〇坪，辦公樓五二〇坪。

一九八三	五十四歲	與日本デルタ工業株式會社簽訂天王星車型汽車座椅技術合作契約。

一九八四　五十五歲　與日本タチエス工業株式會社簽訂日野（HINO）貨車座椅技術合作契約。

與彰化高工合辦輪調式建教合作班。

一九八五　五十六歲　與日本雙葉產業株式會社及南條設備工業株式會社簽訂汽車座椅表皮技術合作契約。

全興保健器材股份有限公司成立。

榮獲經濟部經營合理化績優廠礦獎。

一九八六　五十七歲　與日本ステアリング株式會社合資成立全興方向盤股份有限公司，生產方向盤。

與日本東京シート株式會社簽訂福特全壘打車型座椅技術合作契約。

全興國際事業股份有限公司成立，從事相關貿易業務。

與德國KEIPER RECARO簽定產銷契約。

一九八七　五十八歲　與日本アラコ株式會社、建台豐公司合資成立新三興股份有限公司，生產汽車座椅及特種車改造。

一九八八　五十九歲　與日本ミタク株式會社合資成立全
　　　　　　　　　　拓股份有限公司，進行各種成形模
　　　　　　　　　　具之設計與製作。
　　　　　　　　　　與日本南條裝備工業株式會社簽訂
　　　　　　　　　　馬自達（MAZDA）轎車及貨車系
　　　　　　　　　　列之車門板技術合作契約。
　　　　　　　　　　至興精機股份有限公司成立，產製
　　　　　　　　　　精密沖壓零件。
　　　　　　　　　　創立全興幼兒學苑，照顧員工兒女
　　　　　　　　　　並教育下一代。
　　　　　　　　　　創立財團法人全興文教基金會。

一九八九　六　十歲　全興興業股份有限公司成立，與西
　　　　　　　　　　德GRAMMER技術合作，產製辦公
　　　　　　　　　　室人體工學座椅。
　　　　　　　　　　德芝美國際事業股份有限公司成
　　　　　　　　　　立，為一專業辦公傢俱銷售及諮詢
　　　　　　　　　　公司。

一九九〇　六十一歲　關係企業與南非DORBYL AUTO
　　　　　　　　　　PRODUCTS合資並技術合作成立
　　　　　　　　　　AUTOMOBILE　　　STEERING
　　　　　　　　　　WHEELS CO.。
　　　　　　　　　　關係企業與泰國SUMMIT AUTO
　　　　　　　　　　SEAT INDUSTRY合資及技術合作
　　　　　　　　　　成立SUMMIT STEERING WHEEL
　　　　　　　　　　CO., LTD.。

與日本東京シート株式會社簽訂本田（HONDA）車系之座椅、車門板、車頂蓬及方向盤技術合作契約。

與中區職訓中心建教合作。

一九九一　六十二歲　榮獲勞委會人力培訓績優廠礦獎。

與日本富士シート株式會社簽訂大發（DAIHATSU）車系汽車座椅技術合作契約。

一九九二　六十三歲　全興集團研發中心成立。

全興方向盤取得福特Q1品質資格。

一九九三　六十四歲　與日本三重設計株式會社簽訂汽車內裝部品設計技術援助契約。

榮獲財政部誠實開立統一發票營業人獎。

一九九四　六十五歲　榮獲內政部托兒所評鑑甲等獎。

全興工業取得福特Q1品質資格。

一九九五　六十六歲　與日本富士シート株式會社簽訂產銷合作契約，供應座椅滑板。

榮獲經濟部第四屆國家盤石獎。

李登輝總統召見嘉勉。

榮獲勞委會進用殘障勞工績優廠商獎。

一九九六　六十七歲　與建國技術學院建教合作。

一九九七　六十八歲　與裕隆、中華、信昌、友聯、池田

物產、NHK等合資成立友聯車材製
造股份有限公司，產製汽車座椅。

印尼全興工業公司成立。

一九九八　六十九歲　與秀水高工建教合作。

設立全興醫療基金會。

一九九九　七　十歲　榮獲經濟部第十二屆全國團結圈銀
塔獎、銅塔獎。

陳水扁總統召見嘉勉。

榮獲環保署辦公室做環保績優獎。

榮獲勞委會敬業專案優等獎。

二〇〇〇　七十一歲　榮獲經濟部第十三屆全國團結圈金
塔獎。

二〇〇一　七十二歲　榮獲教育部建教合作優良事業單位
獎。

榮獲經濟部推動團結圈績優團體
獎。

榮獲行政院第十二屆國家品質獎。

立恩幼稚園成立。

九月二十六日辭世，十一月三日安
葬彰化市吳家墓園。

國家圖書館出版品預行編目資料

人間典範全興總裁／康原著；－－初版.－－臺中市：晨
星，2007〔民96〕
　　面；　公分.－－（彰化學叢書；002）

　　　ISBN 978-986-177-138-0（平裝）

　　　1.吳聰其－傳記

782.886　　　　　　　　　　　　　96010641

彰化學叢書 002

人間典範全興總裁

作者	康　原
編輯	徐　惠　雅
排版	王　廷　芬
總策畫	林　明　德　·　康　原
編審	彰化學叢書編輯委員會
發行人	陳　銘　民
發行所	晨星出版有限公司 台中市407工業區30路1號 TEL:(04)23595820　FAX:(04)23597123 E-mail:service@morningstar.com.tw http://www.morningstar.com.tw 行政院新聞局局版台業字第2500號
法律顧問	甘　龍　強　律師
印製	知文企業（股）公司　TEL:(04)23581803
初版	西元2007年07月05日
總經銷	知己圖書股份有限公司 郵政劃撥：15060393 〈台北公司〉台北市106羅斯福路二段95號4F之3 　　　　　TEL:(02)23672044　FAX:(02)23635741 〈台中公司〉台中市407工業區30路1號 　　　　　TEL:(04)23595819　FAX:(04)23597123

定價 250 元
ISBN 978-986-177-138-0
Published by Morning Star Publishing Inc.
Printed in Taiwan

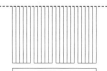

407
台中市工業區30路1號

晨星出版有限公司

更方便的購書方式：

(1) 網站：http://www.morningstar.com.tw
(2) 郵政劃撥 帳號：15060393
        戶名：知己圖書股份有限公司
    請於通信欄中註明欲購買之書名及數量
(3) 電話訂購：如為大量團購可直接撥客服專線洽詢

◎ 如需詳細書目可上網查詢或來電索取。
◎ 客服專線：04-23595819#230 傳眞：04-23597123
◎ 客戶信箱：service@morningstar.com.tw

◆ 讀 者 回 函 卡 ◆

以下資料或許太過繁瑣，但卻是我們瞭解您的唯一途徑
誠摯期待能與您在下一本書中相逢，讓我們一起從閱讀中尋找樂趣吧！

姓名：＿＿＿＿＿＿＿＿＿　性別：□ 男　□ 女　生日：　　／　　／

教育程度：＿＿＿＿＿＿＿＿

職業：□ 學生　　　□ 教師　　　□ 內勤職員　　□ 家庭主婦
　　　□ SOHO族　　□ 企業主管　□ 服務業　　　□ 製造業
　　　□ 醫藥護理　□ 軍警　　　□ 資訊業　　　□ 銷售業務
　　　□ 其他＿＿＿＿＿＿＿＿＿

E-mail：＿＿＿＿＿＿＿＿＿＿＿＿　　聯絡電話：＿＿＿＿＿＿＿＿

聯絡地址：□□□＿＿＿＿＿＿＿＿＿＿＿＿＿＿＿＿＿＿＿＿＿

購買書名：＿＿＿＿＿＿＿＿＿＿＿＿＿＿＿＿＿＿＿＿＿＿＿＿

· 本書中最吸引您的是哪一篇文章或哪一段話呢？＿＿＿＿＿＿＿＿＿＿

· 誘使您購買此書的原因？

□ 於＿＿＿＿書店尋找新知時　□ 看＿＿＿＿報時瞄到　□ 受海報或文案吸引
□ 翻閱＿＿＿＿雜誌時　□ 親朋好友拍胸脯保證　□＿＿＿＿電台DJ熱情推
薦
□ 其他編輯萬萬想不到的過程：＿＿＿＿＿＿＿＿＿＿＿＿＿＿＿＿

· 對於本書的評分？（請填代號：1. 很滿意 2. OK啦！ 3. 尚可 4. 需改進）

封面設計＿＿＿＿　版面編排＿＿＿＿　內容＿＿＿＿　文／譯筆＿＿＿＿

· 美好的事物、聲音或影像都很吸引人，但究竟是怎樣的書最能吸引您呢？

□ 價格殺紅眼的書　□ 內容符合需求　□ 贈品大碗又滿意　□ 我誓死效忠此作者
□ 晨星出版，必屬佳作！　□ 千里相逢，即是有緣　□ 其他原因，請務必告訴我們！
＿＿＿＿＿＿＿＿＿＿＿＿＿＿＿＿＿＿＿＿＿＿＿＿＿＿＿＿＿＿

· 您與眾不同的閱讀品味，也請務必與我們分享：

□ 哲學　　　□ 心理學　□ 宗教　　　□ 自然生態　□ 流行趨勢　□ 醫療保健
□ 財經企管　□ 史地　　□ 傳記　　　□ 文學　　　□ 散文　　　□ 原住民
□ 小說　　　□ 親子叢書　□ 休閒旅遊　□ 其他＿＿＿＿＿＿＿＿＿＿＿＿＿

以上問題想必耗去您不少心力，爲免這份心血白費
請務必將此回函郵寄回本社，或傳眞至（04）2359-7123，感謝！
若行有餘力，也請不吝賜教，好讓我們可以出版更多更好的書！

· 其他意見：

晨星出版有限公司 編輯群，感謝您！